ピッタリのひとこと1500

頭のいい一級の語彙《ごい》力集成

監修
山口謡司
Yamaguchi Yoji
大東文化大学准教授

目次■頭のいい一級の語彙力集成――ピッタリのひとこと1500

頭のいい一級の語彙力集成

――ピッタリのひとこと１５００

第一章

のどもとで引っかかっていることをスッキリと言う

□■□　練習問題　□■□

□見転《ずてん》

芸妓《げいぎ》が相手のことをよく見ずに情を交わすこと。あるいは、そういう芸妓のこと。

答えは
26ページ

暁《あかつき》□

明け方に月が出ていないため暗いこと。

答えは
32ページ

□酔《え》い

酒を飲んで少し酔った状態、中途半端な酔いのこと。

答えは
40ページ

□□坂《ざか》

狭い道の中央部が低くなり、両方が高くせり上がっている坂のこと。

答えは
47ページ

□□を食《く》う

自分に関係のないことで災難に遭うこと。とばっちりを食う。

答えは
77ページ

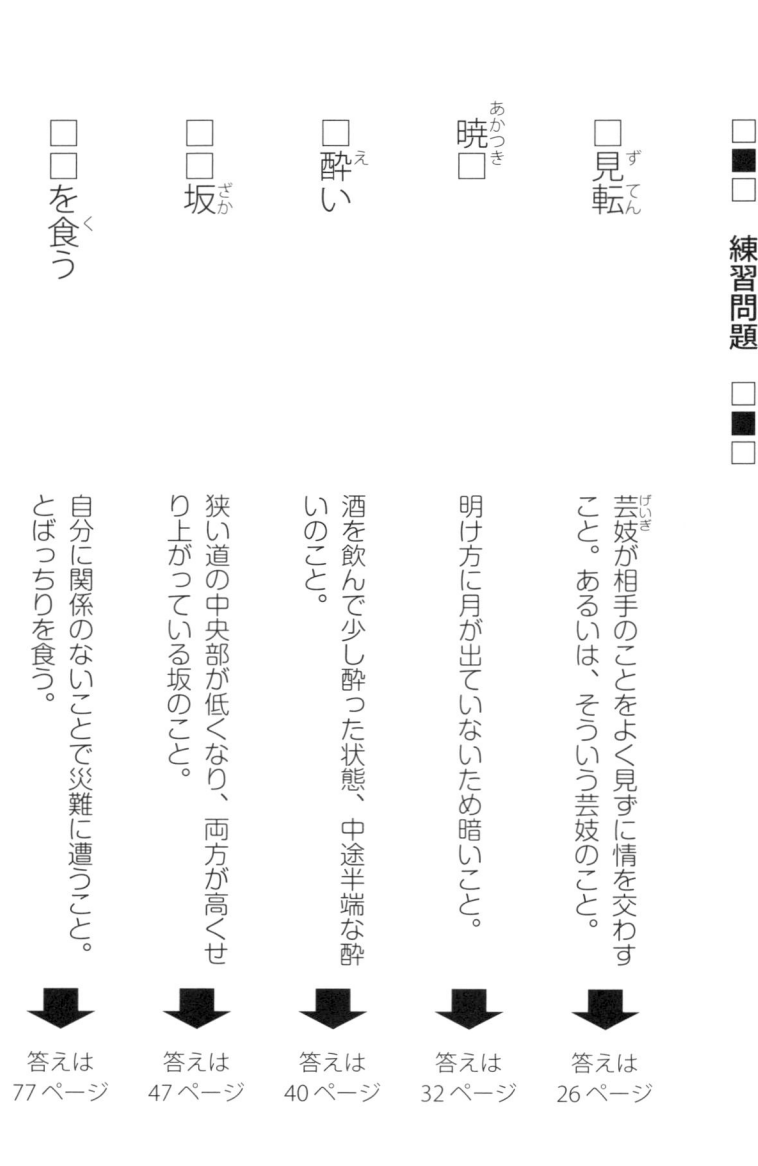

1

あうんの呼吸《こきゅう》

山門の左右に仁王《におう》様を配しているお寺があるが、二体の口は片方が「阿《あ》」と開き、もう片方は「吽《うん》」と閉じていることから、「ツーといえばカー」のように互いの調子が合っていることをいう。ちなみに、「阿」「吽」は世界の始まりと終わりを示している。

あのバッテリーは～で配球を決めている。

労使交渉は～で妥結した。

「啐啄同時《そったくどうじ》」というのも同じニュアンスの言葉。啐は鶏の卵の中から雛《ひな》が声を上げること、啄は外から母親が卵の殻を嚙《か》むこと。両者呼応して初めて事がなる、という意味である。

悪平等《あくびょうどう》

中身の吟味をせずにすべて公平に扱い、結果不公平になっていること。

運動会の一〇〇メートル競走で横並びにゴールさせる～が流行《はや》った。

朝《あさ》まだき

夜の明けきれないころ、朝早く。

若者たちが~に自転車で新聞配達に出かけた。

あだ花《ばな》

徒花と書く。咲いても実を結ばない花のこと。転じて、見せかけだけで実を伴わないこと。

彼の試みは継承されず~に終わってしまった。

当《あ》たらずといえども遠《とお》からず

的中ではないが、それほど間違ってはいないということ。算数ではペケだが、人生では〝誤差〟も味わいである。

彼が出世をあきらめたのは健康のせいだというのは、~である。

あつらえ向《む》き

おあつらい向き、ともいう。まるで注文して作ったようにぴったりのもの、あるいは要求通りの出来具合のもの。

ネットで椅子を注文したが、まるで~のように部屋にフィットした。

当《あ》て馬《うま》

優勢なものを牽制する手段。

立候補者三人のうち一人は、A氏を落選させるための~である。

後腐《あとくさ》れなく

縁を切るのに、あとに引きずることのないようにすること。

長い付き合いだったが、~別れることができたのは幸いだった。

後《あと》ずさり

前を向いたまま後退していくこと。「後じさり」ともいう。

犯人は警察の包囲網に、じりじりと~した。

あり合《あ》わせ

当座の間に合わせ。

何の準備もしていなかったので、~のものでちゃちゃっと作りました。

言《い》わぬが花《はな》

言葉にすると興醒《ざ》めになったり、相手に余計な心配をかけるときは、沈黙するにかぎる。

彼は本当に見事に成し遂げた。それはみんなわかっていることで、これ以上は~であろう。

気にくわなくても結果は結果さ。細かい点は~だ。

花を使った表現では、室町時代の能役者・能作家の世阿弥《ぜあみ》の能楽書『風姿花伝《ふうしかでん》』に「秘《ひ》すれば花《はな》なり。秘《ひ》せずば花《はな》なるべからず」の言葉があるのは有名。能や芸能で人に感動を与える奥義として、隠したり秘めたりすることの重要性を説いたものとされている。ほかに、人を指して「花《はな》がある」というと、「自然に人を惹《ひ》きつける魅力があること」をいう。「両手《りょうて》に花《はな》（価値あるもの、美しいものふたつを独り占め状態）」「花《はな》を持《も》たせる（人を立てる）」などもある。

大台《おおだい》

株式では一〇円単位が「台」、一〇〇円は「大台」。転じて大きな境目となる金額や数量のこと。子どもにとっては一〇〇〇円、大人にとっては一〇〇万円が大台というように、個人によっても違う相対的な数値。

ついに来園者一〇〇万人の～に達した。

おかぼれ

岡惚れと書き、岡は「岡目《おかめ》八目《はちもく》」と同じく「わき」「そば」の意。わきから密《ひそ》かに恋すること。

あいつ、喫茶店の女の子に～して、しばらく経《た》つけど脈はないね。

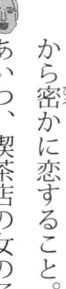

乙《おつ》にすます

三味線や能管（雅楽で用いる横笛）で高い音域の音「甲《かん》」より一オクターブ低い音《おん》が「乙」で、昔の人はそれに渋みを感じたらしい。そこから、表題語は「気取っている」というニュアンス。

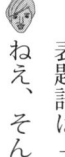

ねえ、そんなとこで乙にすましてないで、こっちにおいでよ。

「乙《おつ》な味《あじ》」といえば「風変わりだが妙にうまい味」ぐらいの意味になる。「乙《おつ》なことをする」は「ちょっと意外で心を動かすようなことをする」の意味。「甲乙《こうおつ》つけがたい」というのもある。これは「優劣がつけがたい」ということ。

学齢期《がくれいき》

「学齢」にはふたつの意味があって、①義務教育を受けるべき年齢、つまり満六歳　②義務教育の期間、つまり小中学校の九年間。ふつうは「学齢期の子ども」というと、小学校に入る年齢を指している。

お若いですね。〜のお子さんがいるようには見えません。

金気臭《かなけくさ》い

以前は、水道水に鉄分が流れ出して、妙に錆《さ》びついたような味がしたものである。そういった鉄分の味を「金気臭い」というわけだが、あくまで味であってにおいのことではない。鉄のスプーンなども、時として

「金気臭い」ことがある。

この水、妙に〜けど、どうしてなのかな。

紙一重《かみひとえ》の差《さ》

紙一枚分の差という意味だが、これが微妙である。どんなに小さくとも差には違いないからである。

試験では〜で彼のほうが上だった。

ちなみに、競馬は「鼻の差」で勝ち負けが決まる。

空元気《からげんき》

空は実体のないこと、つまり、見せかけの元気。

こうなったら〜でもいいから出していこう。

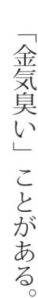

空のつく言葉はほかに、「空威張《からいば》り（実力がないのに偉ぶること）」、「空約束《からやくそく》（守る気のない約束、守られなかった約束）」などがある。また「空梅雨《からつゆ》」といえば雨の少ない梅雨のこと。

気《き》ぜわしい

用事があって、それが気にかかり、いま手をつけていることに集中できない、というニュアンス。

着《き》のみ着《き》のまま

年の瀬が押し詰まって、なにかと～。

「み」は「身」である。持ち物はいま着ている服だけ、という意味。

隣家の火事で～で逃げ出してきた。

急場《きゅうば》しのぎ

期限が迫って急に取り繕《つくろ》うこと。

課長に出すレポート、明日までだった。～で何とかするしかない。

切《き》り口上《こうじょう》

改まった硬い言い方。一つひとつの言葉をはっきり区切って言うことから。

長い付き合いなのに、そんな～はないよ。

きわめて黒《くろ》に近《ちか》い灰色《はいいろ》

黒は犯罪などの容疑があること。表題語は「黒」が前提にあるのだが断定するのも憚《はばか》られるので「黒に近い」と留保した表現である。

「あいつ、寝返ったんだって?」「～といったところさ」

「きわめて白に近い灰色」とはいわない。

食《く》い合《あ》わせ

二種以上の食べ物を同時に食べて体調が悪くなること、あるいはその食べ物の組み合わせのこと。天ぷらとスイカ、蟹《かに》と柿など。

身体に激烈な寒けが走ったが、きっと～が悪かったに違いない。

腐《くさ》れ縁《えん》

縁を切ろうとしてもなかなか過去の因縁があって切れない、ぐじぐじした様子を〝腐れ〟と表現している。男と女の関係にいうことが多い、と書いた辞書があるが、いかにもそういった状況にふさわしい。ただし、同性でも使う。

またあいつとプロジェクトチームを組むことになった。これも～だろう。

下世話《げせわ》

世間で俗に口にする言葉や話。

～で恐縮ですが、ご主人の浮気のことで小耳に挟んだことがあります。

「世話《せわ》に砕《くだ》ける」というと、格調高かった話が俗っぽくなること。「世話物《せわもの》」は浄瑠璃や歌舞伎などで、時事的なものを扱って世態、風俗、人情を映したもの。

けんのん

漢字で書くと剣を呑《の》むで「剣呑」である。いかにも危なっかしいさまをいう。

最近の二人は鋭い意見対立から～な感じである。

恋《こい》わずらい

煩《わずら》いは悩みのこと。表題語はつまり、恋の悩み。

若い女性が～でうち沈んでいる様子には心惹《ひ》かれるものがある。

落語「崇《す》徳院《とくいん》」は、寺の境内で知り合った二人が恋に落ちたものの、あとで居場所がわからず訪ね歩く話である。その際に手がかりになるのが、娘が手渡してくれた短冊の崇徳院の歌「瀬をはやみ岩にせかるる滝川のわれても末にあはむとぞ思ふ」の上の句である。恋わずらいで二人は寝込むほどなので、代理人がそれぞれ和歌を手がかりにあちこち走り回る。

公然《こうぜん》の秘密《ひみつ》

みんなが知っているのに、表面上は秘密扱いにすること。当人が隠したがっているのにみんなに知られている場合と、当人だけが知らない場合とがある。ひとつ目の例文は前者、ふたつ目は後者。

彼が離婚しているのは～である。

言葉《ことば》の綾《あや》

彼ががんなのは～である(医者や家族から病名を聞かされていない場合)。

比喩を使ったり、同じことでも別の気取った言い方をしたり、巧みな言い回しのこと。

するめを「あたりめ」というのは～のようなもの。

小腹《こばら》が空《す》く

古風な言い方に思えるが、意外と使っている人がいる。「ちょっとお腹《なか》が空いた」という意味。

小腹が空いたので、ビスケットでも食べましょう。

座《ざ》がもたない

「座」というのは目的をもった集まりのこと。主役が欠けるなどで、途中で話が途切れ、気まずい雰囲気になるのが「座がもたない」。「座をもたせる」には、司会役の上手い切り回しが必要である。

主役のあなたが来てくれないと、正直なところ～。

「座《ざ》が白《しら》ける」は盛り上がっていた雰囲気がよそよそしくなること。また、俳句の句会のことも「座」という。

匙《さじ》加《か》減《げん》

手加減、配慮。料理の味付けの具合という意味もある。薬の調合は匙に盛る分量の加減で決まることから、「事の成否を決めるポイント」のようなニュアンスで使う。

子どもの叱り方は～が難しい。

実力者の～ひとつでメンバーの顔ぶれが決まる。

「湯加減《ゆかげん》（湯の熱さの程度）」という言葉もある。ふろの湯がやや我慢して入る熱めの温度のときには「湯加減がいい」と表現する。

さしずめ

つまるところ、要約すれば、さしあたり、言ってしまえば、といったニュアンスの言葉。

今度の内閣は～不祥事火消し内閣だね。

映画『男はつらいよ　寅次郎夢枕』で主人公の寅《とら》さんが、学者に向かって「さしずめ、インテリだあな。そりゃけっこう」と言っている。

差《さ》し渡《わた》し

直径のこと。

さばける

このお皿、～三〇センチはありそう。

漢字は「捌ける」。整理がつく、世慣れてものわかりがいい、ものがよく売れる、という意味がある。例文は「世慣れる」に関してのもの。

彼にはじつにさばけた面があって、ときに感心させられる。

潮時《しおどき》

何かものごとをやるのに都合のいいとき。潮の満ち引きに時刻がある。

そろそろピッチャーを代える～かもしれない。

しじま

物音がせず、ひっそりかんとしていること。口をつぐんでものを言わないこともいう。

夜の～に銃声が一発響き渡った。

昵懇《じっこん》

入魂とも書く。親しく、深い間柄をいう。

彼とは～の間柄と聞くが、紹介してくれはしませんか。

してやったり

首尾よくものごとをやった、の意。

彼は大事を成し遂げて～という顔をしている。

しなをつくる

「しな」は漢字では「科」と書く。女が男に媚《こ》びるようななまめかしい様子、男の好色心をそそるような仕草をすること。

こちらに魂胆があるせいか、彼女が時折～ような気がした。

食《しょく》が細《ほそ》い

少食を上品にいう言葉。

「もっとたくさん召し上がってください」「いえ～ものですから」

「食が太い」とはいわない。

尻上《しりあ》がりによくなる

後ろにいくほどに調子が出てくる、ということ。

息子の走りは尻上がりによくなって、とうとうトップで戻ってきた。

尻《しり》に火《ひ》がつく

タイムリミットが来て、追いつめられた様子。

借金返済の期限が来て、尻に火がついた感じである。

尻を使った言葉には「尻《しり》が軽《かる》い（尻軽、女が浮気性だ）」「尻《しり》が長《なが》い（長居する）」「尻《しり》っ端折《ぱしょ》り（動きいいように着物の裾を帯にはさむこと）」「尻切《しりき》れトンボ（中途半端）」などがある。

しんがり

漢字で書くと「殿」という字になる。一番最後という意味。自軍を後退させるときに、最後尾で敵からの守りを行うことや、その部隊をしんがりといったことから。

今夜のカラオケ大会の～を務めるのは今年の新人です。

鈴《すず》なり

なりは「成り」である。鈴がたくさん付いている神楽鈴《かぐらすず》をイメージした言葉で、くだものなど多くのものが一カ所に群がってぶら下がっていること。転じて、大入り、人だかりのこと。

新聞の劇評が効いたのか、お客が～である。

夜中の火事にもかかわらず野次馬が～である。

世知《せち》に長《た》ける

世間知が豊富ということ。こういう人は世渡り上手になれる素質あり。

判事に世知に長けた人が増えれば、もっとましな判決が出ることだろう。

「世《せ》知《ち》辛《がら》い」は、計算高い、あるいは計算ずくの世の中という意味。「世知辛い世の中になったと嘆いても、もう押しとどめようがない」のように使う。

たゆたう

ものがゆらゆら揺れている状態、あるいはそういう心理状態をいう。

波のまにまに～小舟が見える。

母の表情から父との離縁に～心がうかがえる。

ちょぼちょぼ

大阪弁の挨拶のひとつだが、聞く方が細かい内容までは期待していないので、答える方も適当に答える。

「景気どないでっか」「～でんなあ」

同じく「ぼちぼちでんなあ」というのもある。「お出かけですか」「ちょっとそこまで」という挨拶も、ほとんど意味はない。いつものごとく挨拶を交わしていることが大事なのである。

土俵際《どひょうぎわ》

もちろん相撲から来た言葉で、「ぎりぎり最後の線」という意味。「土壇《どたん》場《ば》」と同じである。

社長の椅子には〜でダークホースのAさんが座った。

「徳俵《とくだわら》に足《あし》がかかった」という言い方もある。丸い土俵には東西南北の四カ所に切れ込みがあって、外に少しズレている。それが「徳俵」である。ほかの箇所より余分に勝負を粘ることができる。「一度捨てられたアイデアだが、部長が再検討を指示したので、徳俵に足がかかった感じである」のように使う。

とりなし

仲立ちのこと。

君の〜が上手くいって彼女との仲をもとに戻すことができた。

とんと

すっかり、まったく、といった意味。

〜ご無沙汰だけど、さてはまた何かしでかしたか。

「てんで」も同じ意味。「今日の馬券はてんでだめ。丸裸にされた」のように使う。

苦《にが》み走《ばし》った

〜いい男、と続く。甘いのではなく、苦いのである。日本では高倉健《たかくらけん》、ハリウッドではハンフリー・ボガートあたりか。

にらみを利《き》かす

最近、~いい男がいなくなった。

監視の目が行き届いている。威勢が届いている。

彼がにらみを利かせているおかげで、ここは騒ぎが大きくならない。

伸《の》るか反《そ》るか

「伸る」は伸びて長くなること、「反る」は反対側に丸く曲がること。どっちになるかは賭けである。「一《いち》か八《ばち》か」の意味。

資金に困って、とうとう~の大博打《ばくち》に出た。

話半分《はなしはんぶん》

否定的なニュアンスで使う言葉である。相手の言うことにまともに取り合っていると、こちらが馬鹿を見るといった意味である。

あの人の言うことは~に聞いとかないと裏切られるよ。

~に聞いてないと馬鹿らしくなってくるわ。

あいつ、大もうけしたというが、~がいいとこだね。

人心地《ひとごこち》

「平常の意識」「生きている気持ち」「人間らしい気持ち」ということ。

これは、よほど怖いことや驚くべきことに遭遇したあとの心理をいう。

残酷、グロテスクなスプラッター映画を見て、〜がなかった。

「人心地《ひとごこち》がつく」は「正気、常態に返る」という意味。

風合《ふうあ》い

織物の手触りや見た感じをいう語。価値判断は入っていない。

温かみのある〜は大島紬《おおしまつむぎ》独特のもの。

色に関しては「色合《いろあ》い」がある。色の具合という意味。

風前《ふうぜん》の灯火《ともしび》

灯火自体がそんなに強い勢いではない。それが風に晒《さら》されているのだから心許《こころもと》ない。危機に直面し、いまにも滅びそうなことのたとえ。

石炭産業は石油に押されていまや〜である。

吹《ふ》けば飛《と》ぶような

それほど軽い存在ということ。

そりゃ〜おいらだが、やるときはやるんだ。

映画になべおさみ主演、山田洋治《やまだようじ》監督の傑作

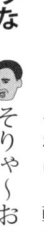

『吹けば飛ぶよな男だが』がある。

懐手《ふところで》

着物の懐に両手を入れている状態。つまり、人にやらせて自分は手を出さないこと。

彼が言い出したはずなのに、あとは〜を決め込んだ。

棒読《ぼうよ》み

抑揚のない単調な読み方のこと。もともとは、漢文に返り点などを付けず（白文《はくぶん》という）に、字の順に音読することをいった。

国語の授業で該当の単元を読まされた彼は、まさに〜だった。

程《ほど》がある

程は「程度」「限度」をいう。程度が甚だしい場合に、「常識をわきまえろ」という意味で使う。

羽目を外すにも〜。

人をだますにも〜。

ままならない

思うようにはいかないということ。

不見転《みずてん》

金は天下の回りものというが、あれほど〜ものはない。

死語に近い。芸妓《げいぎ》が相手のことをよく見ずに情を交わすこと。あるいは、そういう芸妓のこと。

あんな〜にいつまで入れ揚げているつもりだ。

転は「ころぶ」で、身を持ち崩すことである。「転《ころ》び伴天連《ばてれん》」というと、日本で信仰を捨てたキリスト教の宣教司祭のこと。遠藤周作《えんどうしゅうさく》の小説『沈黙』はそれを描いて、ハリウッドでも映画化された。

水《みず》も滴《したた》る

〜いい男、と続く。つやつやして美しいこと。

往年の俳優で〜いい男といわれたのは長谷《はせ》川一夫《がわかずお》である。

道半《みちなか》ば

ある目標があって、その途中で断念せざるをえない場合に使う。

彼は～にして日本を去ることになった。

「志《こころざし》半《なか》ば」も同じ意味。「志半ばで残念だ」のように使う。

脈《みゃく》がある

かすかな反応があるなど、見込みがあること。

彼女の様子からは、～のかないのかわからない。

身《み》を粉《こ》にして

粉は固体が砕けて非常に小さくなったもの。身体がそれくらいになるまで懸命に働くというたとえ。

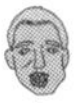
～働いても、大した稼ぎにならない。

「顔《かお》が粉《こ》を吹《ふ》いたよう」といえば、汗が乾いて白くなり、粉が吹き出たようになることをいう。

身《み》をやつす

みすぼらしい姿へ変装する。あるいは、姿、形が変わるほどものごとに熱中すること。

昔話に、着ると老婆の姿に身をやつすことができる着物が出てくる。

「恋《こい》に憂《う》き身《み》をやつす」というと、恋に入れ揚げるの意味になる。「やつす」は漢字では「窶《やつ》す」と書く。

虫《むし》の息《いき》

弱り果てて死が近づいたときの呼吸、瀕死《ひんし》の状態。いかにもかすかな感じ。

チャンピオンは終始守りに入って、中盤で~だった。

胸突《むなつ》き八丁《はっちょう》

そこに山の頂上が見えているが、最後の急坂が残っている、というときに使う。転じて、「最後の踏ん張りどころ」の意味で使う。

この仕事はここが~で、あとはすんなりいくはずだ。

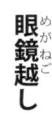

富士登山で八丁（約八七二メートル）の険しい道を表したのが語源。ちなみに「胸先《むなさき》」というと胸もとを指す。「銃口を胸先に突きつける」などという。

眼鏡越《めがねご》し

やや頭を下向きにして眼鏡の上縁から上目づかいで見ることをいう。

質屋で~に冷たく見られる経験などできればしたくない。

眼鏡を使った表現では「お眼鏡《めがね》にかなう（気に入られる）」「眼鏡違《めがねちが》い（予想と違う）」「色眼鏡《いろめがね》で見《み》る（予断や偏見をもって見る、ひいきをして見る）」などがある。

申《もう》し訳程度《わけていど》

正々堂々と威張って言えるようなものではない、やっと申し開きができる程度。ほんの少し。

乱開発で山には～の緑しか残っていない。

病《や》みつき

もともと「病気にかかること」、また「病気のかかりはじめ」をいった。ここから取りつかれて夢中になること、癖になってどうしてもやめられないこと。

ゲームに～になるあまり、社会適応が難しくなる人がいる。

行《ゆ》き合《あ》いの空《そら》

夏と秋の変わり目の空のこと。暑気と涼気の交代する感じをいう。

～が彼女の旅心を誘った。

横恋慕《よこれんぼ》

パートナーのいる人に横合いから恋を仕掛けること。

彼女には立派な恋人がいます。～も大概にしておいたほうがいい。

ちなみに「横車《よこぐるま》を押《お》す」は、道理に反したことをすること。

夜《よ》目《め》遠目《とおめ》
笠《かさ》の内《うち》

美人に見える条件のこと。夜に見る、遠くから見る、笠をかぶっているところを見る、というわけである。

～というけど、中でも笠の内が一番風情があるね。

乱高下《らんこうげ》

株が短期間に上がったり下がったりすること。転じて、そういう動きをするもの。

血圧が～して、医者の顔が厳しくなった。

日航機が乱高下して大惨事になったのは、もう30年以上も前のことだ。

縷縷《るる》

縷はやっと見えるほどの細さの糸。細く絶えず続くこと、あるいはこまごまと述べるさま。

これから～述べることは、君に大事なことだから、心して聞いてほしい。

この～とした道はどこへ至るのだろう。

渡《わた》りをつける

間を取りもって関係づけること。

人の紹介でやっと先方の担当者と～ことができた。

2

相合傘《あいあいがさ》

二人でむつまじく入る傘。愛々傘と書きたくなる。

教室の黒板に～の絵が描かれ、その傘の下に男女の名が入れられていた

相客《あいきゃく》

宿で同室に泊まることとなった人。

どうですか、～となったよしみで一杯いかがですか。

「相部屋《あいべや》」は宿などで同室に泊まること。「相席《あいせき》」は飲食店などでテーブルが一緒になること。

合《あ》いの手《て》

邦楽で、歌と歌の間に入れる三味線などの伴奏楽器だけで演奏するパー

ト。あるいは、話や歌などの進行に合わせて聞き手が挟む言葉や手拍子《てびょうし》。

～の入れ方がちょうどいいので、とんとんと話が進んだ。

和《あ》え物《もの》

魚介類、野菜などを酢味噌、ごま味噌などと混ぜ合わせること。

居酒屋で～がうまいと得した気になる。

青嵐《あおあらし》

若葉の頃に吹く、やや強い風。「せいらん」とも読む。

若葉が萌《も》えて～が吹くと、なぜか気持ちが切なくなる。

青天井《あおてんじょう》

天井ではなく青空だということで、際限がないという意味。英語にもThe sky is the limit. がある。「空が限界だ→制限なしだ」ということ。

最近の株価の上昇は～の様相だ。

暁闇《あかつきやみ》

明け方に月が出ていないため暗いこと。

男たちは～だというのに、勇んで船を押し立てていった。

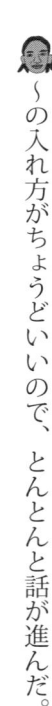

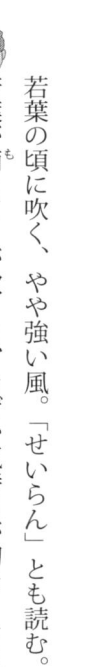

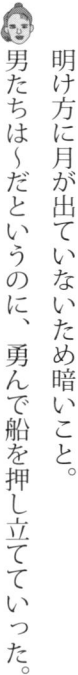

上《あ》げ底《ぞこ》

底を二重にして浅くしてあること。見た目と違って容量が少なくなる。

弁当箱によっては〜になっているものがあり、がっかりさせられる。

あぶく銭《ぜに》

あぶくは「泡」のこと。泡のようなお金、つまり賭け事など、正当な労働によらないで苦労もせずに手に入れたお金のこと。実体のない感じがよく出ている。

どうせ〜さ、ぱあーっと使っちゃおうぜ。

「泡」を使った表現では「泡《あわ》を食《く》う」がある。誇張表現で、慌てるあまり食えない泡まで食ってしまう、と大げさにいっている。

甘皮《あまかわ》

樹木や果実の内側の薄い皮。爪の根元の薄い皮もいう。

樹木の皮を剥ぐと〜が見え、ふっと木の香が立ち上る。

洗《あら》い髪《がみ》

洗ってそのままの髪のこと。

〜に浴衣の彼女を、新鮮なものでも見るように見た。

南《みなみ》こうせつ作曲、喜《き》多條忠《たじょうまこと》作詞の「神田川」には「洗い髪が芯まで冷えて」という歌詞がある。

洗《あら》いざらし

何度も洗って色があせ、白くなった状態。

シーツが〜どころか、向こうが透けて見えるほどだ。

合《あ》わせ鏡《かがみ》

自分の後ろ姿を確認するために、前の鏡に後ろの鏡の映像を映し込むことをいう。

着物の後ろが気になって〜で見て整えた。

泡雪《あわゆき》

泡のようにやわらかくとけやすい雪。

泡雪は降ったと思う間もなく消えていく。

「淡雪《あわゆき》」は春先に降る、うっすらと積もる雪。やはりやわらかで消えやすい。

受《う》け口《ぐち》

ものを投げ入れるように作った器物の開口部分をいう。人では下唇が上唇より突き出している口。

うちの家系には、受け口の人が多い。

人の受け口のことは「受《う》け唇《くちびる》」ともいう。

風花《かざばな》

「かざはな」ともいう。清音のほうが感じがいい。風で雪が吹き下ろされ、舞うことをいう。晴天に風が出て雪が降ることもいう。

~の舞う日は、子どもばかりか大人の心もうきうきしてくる。

相米慎二《そうまいしんじ》監督の映画に『風花《かざはな》』がある。

がらっぱち

言葉、動作が荒っぽい人のこと。音からも感じが出ている。

彼は~で、いつもとっ散らかっているが、根はいいやつなんだ。

草《くさ》いきれ

夏に丈高い草むらに入ると、むっと草の匂いが立ち上ることがある。この熱気が「草いきれ」である。漢字では「草熱れ」と書く。多くの人が体験したことがあるのではと思うが、あの熱気を表す言葉があるのである。

~に襲われて、思わずはっとした。

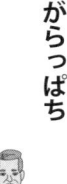

同種の言葉に「人《ひと》いきれ」がある。夏の満員電車などで経験するアレである。

下戸《げこ》

お酒の飲めない人。

君はいかにも飲みそうな感じなので〜とは思わなかった。

反対語は「上戸《じょうご》」である。「笑《わら》い上戸《じょうご》」は酒を飲んで、または飲まずともよく笑う人。「泣《な》き上戸《じょうご》」は酒を飲んで泣く人のこと。

蹴《け》出《だ》し

まったく使わなくなった言葉。着物で裾をからげると、腰巻きが見えるので、それを隠すためのもの。

美空ひばりの歌「みだれ髪」（星野《ほしの》哲郎《てつろう》作詞、船村《ふなむら》徹《とおる》作曲）に「紅い蹴出しが風に舞う」という歌詞がある。

小《こ》上《あ》がり

お店でテーブルのあるところから一段高いところにある小体《こてい》の座敷。あるいは、家内でフローリングとは段違いに作られた和室。

小さな居酒屋で〜があると、妙に気持ちが惹かれる。

こより

漢字は「紙縒」で、カミヨリ↓コウヨリ↓ココヨリと変化した。細く切った紙を縫《よ》って紐《ひも》状にしたもの。

昔の少女は～でおさげ髪を束ねたものである。

指値《さしね》

株の売買で、買い（上限価格）と売り（下限価格）の値段を設定して委託することをいう。買いは指値以下の売り注文が出れば約定し、売りは指値以上の買い注文が出れば約定する。

トヨタの株を七〇〇〇円の指値で買ってみる。

しらしら明《あ》け

夜の明け始めのころ。「しらじら明け」ともいう。

～に、彼はこっそり家を出て行った。

「たそがれ時《どき》」は人の判別ができなくなった暗さのころのこと。「たそがれ」は「誰《たれ》ぞ彼《かれ》」が転じたもの。

墨染《すみぞ》めの衣《ころも》

黒色の僧衣のこと。あるいは、ねずみ色の喪服のこと。

玉砂利を踏んで、～の僧たちが足早に通り過ぎる。

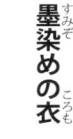

狭《せま》き門《もん》

キリスト教で天国に入ることの難しさをいう。転じて、入社や入学の希望先の倍率が高いこと。

有名私立幼稚園の〜を題材に親たちの悲喜劇を描くドラマが放送された。

袖口《そでぐち》

衣服の袖の手首の出る部分を袖口という。長袖のシャツなどは、この部分と首回りが余計に汚れる。

〜のボタンが取れてどこかへいってしまった。

ほかにも袖を使った表現はけっこうあり、それぞれ着物文化の名残を感じさせる。「ない袖《そで》は振《ふ》れぬ（借金の申し込みなどを断るときに使う。ないものはない）」「袖《そで》をしぼる（昔は涙を袖で拭いたらしく、しぼると水が出るほど激しく泣く）」「袖振《そでふ》り合《あ》うも多生《たしょう》の縁《えん》（道で袖が触れ合うのも前世の縁があるからだ、という意味。多生は何回も生まれ変わること。こうやってお近づきになれたのも縁があるからだ、とこじつけるわけである）」など。

土踏《つちふ》まず

足の裏の凹《へこ》んだ部分のこと。

アスファルトを歩き通しで土踏まずが疲れちゃった。

かつてはスポーツ選手は下駄を履くな、といわれたものである。土踏まずが平らになって走るのに疲れるという理屈だった。ところが、いまは下駄の鼻緒を指で挟むことで、土踏まずが強化されるともいわれている。

胴間《どうま》声《ごえ》

調子の外れた太い下品な声。

赤鬼のような顔の男が～を張り上げて人を集めている。

「胴張《どうば》り声《ごえ》」「胴満声《どうまんごえ》」ともいう。

とっつきの家《いえ》

「とっつき」は「一番手前」をいう。

路地を入って～が佐藤さんだよ。

これを現代風にいうと、「路地を入って一番手前の家が佐藤さんだよ」となって、なんとなくテンポが悪い。また「とっつき」には「その期間のはじめ」の部分、「第一印象」という意味もある。

鳥肌《とりはだ》

急に寒けがしたり、感動したり、驚いたりして、小さい粒々が表面に立った状態の皮膚。いかにもチキンの肌のようである。

名残雪《なごりゆき》

クライマックスの演奏は〜が立つほどだった。

季節が過ぎたのに残る雪、あるいは思い出したように降る雪。

コートの肩に〜が降ってすぐにとけた。

フォークグループのかぐや姫に、伊勢正三《いせしょうぞう》が作詞・作曲した同題の歌がある。シンガーソングライターのイルカが歌って大ヒットに。また「名残《なごり》の月《つき》」というと、夜が明けた空に残る月のこと。有明《ありあけ》の月《つき》ともいう。

生酔《なまえ》い

酒を飲んで少し酔った状態、中途半端な酔いのこと。「生酔《なまよ》い」とも。

酒を早く切り上げたので、〜のまま帰宅した。

生《なま》の付く言葉に「生意気《なまいき》（一人前やふさわしい地位でもないのに偉そうなことを言うこと）」「生兵法《なまびょうほう》（中途半端な技術であること）」などがある。

なまくら（もん）

切れ味の悪い刀や包丁のこと。漢字では「鈍」と書く。

この包丁もなまくらになったから、研《と》いでおいてよ。

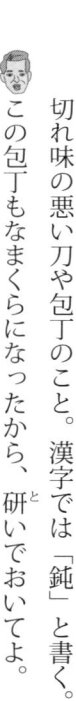

濡《ぬ》れ縁《えん》

雨戸の外側に設けられた縁側。

雨が～を打つ音が小止《おや》みなく聞こえる。

猫舌《ねこじた》

熱いものを食べられないということ。

～なので、もう少し冷ましてから食べます。

猫関係の言葉には「猫背《ねこぜ》（猫のように背中が丸いこと）」「猫《ねこ》も杓子《しゃくし》も（誰も彼も）」「猫《ねこ》の額《ひたい》（狭いたとえ）」「猫《ねこ》の目《め》（変化が激しい）」「猫可愛《ねこかわい》がり（べたべたに甘やかす）」などがある。

パンの耳《みみ》

食パンの周りの茶色の部分のこと。これがパンの縁《へり》では愛想がないし、パン側《そく》ではわけがわからない。パンの耳とはよくいったものである。

パンの耳も残さないで食べなさいよ。

紙やお札の縁《ふち》を耳といったのを、西洋の新しい食べ物に応用した言い方である。

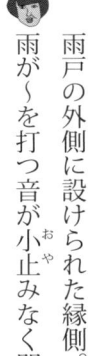

額《ひたい》の生《は》え際《ぎわ》

ちょうど額と髪の毛の境目のあたりを「生え際」という。

寄る年波には勝てないね、～がどんどん後退している。

江戸時代の男子はここを剃《そ》って「月代《さかやき》」にした。

びっくり水《みず》

ぐらぐらと煮立った湯に水を入れると、さっと静まり返る。この水がびっくり水。突然びっくりしたように沸騰が収まる。昔の人の表現力、観察力はただものではない。

何回か～を差しながら麺を茹《ゆ》でてください。

秒読《びょうよ》み

ロケット発射のカウントダウンは秒読みである。あるいは、そういう差し迫った状態。

イスラエルとパレスチナの和解は～段階に入った。

風袋《ふうたい》

ものの重さを測るときに使う、その入れ物や袋のことをいう。

～込みで測ると、若干重さがオーバーする。

「かざぶくろ」と読むと、紙風船のことになる。

袋小路《ふくろこうじ》

道路が袋状に閉じた行き止まりを袋小路という。「どんづまり状態」の意味で使うこともある。

あっ、そこは～になってますよ。通り抜けできません。

悩んで悩んで、あいつとうとう～に入っちゃった。

振《ふ》り分《わ》け

荷物を馬に乗せたり、肩に担いだりするときに、左右や前後のふたつに分けること。

その荷物、～にしたほうが楽ですよ。

へそ

「おおよその中心」ぐらいの意味である。北海道のへそは富良野《ふらの》ということになっている。それぞれの県に「へそ」があるはずである。

日本の～ってどこなの？

ぼかし

日本画の技法のひとつ。濃から淡へ色調を変えていく技法である。

遥《はる》かの山並みが～の技術で巧みに描かれている。
ほかの技法のひとつに「垂《た》らし込《こ》み」がある。乾いていない色に別の色を垂らしてにじませる手法。

ほつれ毛《げ》

髪をまとめても、ひとつにならないでいる乱れた毛のこと。漢字にすると「解れ毛」となる。

ときに～を指でかき上げる仕草に成熟した女性の色気がある。

ほとぼり

焚《た》き火が消えてしばらくしてもまだ熱が残っている。それがほとぼりである。感情の名残や、事件後に続く世間の注目についても使う。漢字では「熱り」と書く。

もう事件の～は冷めたはずが、ちょっとしたきっかけで住民感情に火がつく。
「焼け木杭《ぼっくい》」に新しい木を加えると火がつくことがある。別れた男女が再び愛し合うのを「焼《や》け木杭《ぼっくい》に火《ひ》がつく」という。

本《ほん》の背《せ》

本の各部には名前があって、紙面のページを綴《と》じたほうを「喉《のど》」、喉の反対側を「小口《こぐち》」、そして喉を裏から見た「背」などがある。背にはタイトルや著者名が入る。

古い~は、何度も棚から取り出されたのだろうか、ぼろぼろになっていた。

曲《ま》がりなり

漢字は「曲がり形《なり》」で、曲がった形、不完全な形をいう。「にも」をつけて「十分とは言えないまでも」の意味に。

あそこは息子さんが~にも家を継いで安心である。

水《みず》まわり

建物の中で、台所や風呂など水に関係したところ。

最近、~を修繕すると言って、大した直しもせず数十万円も取る偽業者が横行している。

緑《みどり》の黒髪《くろかみ》

女性の黒くて、つやのある髪である。

彼女は若いころ、~と言われたが、いまはシルバーグレーへと変わった。

「髪《かみ》はからすの濡《ぬ》れ羽色《ばいろ》」というのもある。雨で濡れたカラスの羽のように真っ黒ということ。

むらさめ

漢字にすると「村醒め」で、飲んで村を出るころには醒めている水っぽい酒のこと。

～と音は優雅だが、まがいものの酒だね。

関西落語「煮《に》売屋《うりや》」には、庭に出た途端に醒める「にわさめ」、飲んでるそばから醒める「じきさめ」を売っているとんでもない煮売屋（江戸時代の茶屋と惣菜屋の合わせたもの）が出てくる。

もとどり

漢字で「髻」と書く。髪の毛を頭上に集めて束ねたところ。相撲の関取の髪型がイメージしやすい。

～をきゅっと締めると心までととのってくる。

「もとどりを切《き》る」は「出家する」という意味。

もんどりを打《う》つ

とんぼ返り（宙返り）のこと。

忍者はもんどりを打って退却した。

とんぼ返りをすることを「とんぼを切《き》る」ともいう。また、目的地について帰ってくることもとんぼ返りという。

薬研坂《やげんざか》

薬研は薬を作る器具で、舟形の底に薬剤を入れ、一輪車を転がして引き砕く。その薬研に似た形の坂を薬研坂という。狭い道の中央部が低くなり、両方が高くせり上がっているので、そう名付ける。

暑い夏に～に差しかかると、少し涼しくなった感じがする。

3

青写真《あおじゃしん》を描《えが》く

化学薬品処理をした感光紙に図面を複写すると、線や文字などは白く抜けて、バックは青色になる。これが青写真で、設計図の複写によく使われていた。表題語は、将来の設計図を描く、計画を立てるの意味。

二人は結婚ほやほやながら、一〇年後の生活の青写真を描いた。

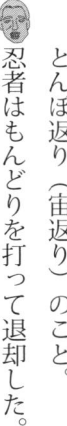

青田《あおた》買《が》い

稲が青いうちに収穫量を見越して稲を買い占めること。転じて、大学新卒の就職戦線で他社より早く学生を囲い込むこと。もっと早いと〝種もみ買い〟という。

ひところは氷河期、いまは～と就職戦線はまったく様変わりした。

青菜《あおな》に塩《しお》

実際にやってみるとわかるが、青菜、たとえばほうれん草などに塩を振れば、葉っぱがくたっとする。つまり、元気を失ってしおれていること。
すっかり生気をなくしてぐったりしていること。

わが子は先生の前に出ると～で、まるで意気地がなくなる。

悪《あく》の温床《おんしょう》

温床とはある結果を生み出し、育てる母体のこと。つまり表題語は悪が育ってくる環境のこと。

あの少年は～に足をすくわれたといっていい。ほかなら健全に暮らせたものを。

悪《あ》しざまに言《い》う

漢字では「悪し様」で、事実よりも悪くとって言うこと。

部長は、成績が伸びないのはおまえのせいだ、と係長を悪しざまに言った。

「悪態《あくたい》をつく」は悪口とか憎まれ口を言うこと。

当《あ》てずっぽう

根拠なしに自分勝手な判断を下すこと。

～で言わないでよ。

同じ意味で「当《あ》て推量《ずいりょう》」という言葉もある。

甘《あま》い汁《しる》を吸《す》う

自分だけ特権にあずかろうとすること。

組織が巨大になり動かす金も大きくなると、さまざまな業者が甘い汁を吸おうと寄ってくる。

飴《あめ》と鞭《むち》

飴だけでは怠けるし、鞭だけなら逃げ出す。両方の兼ね合いで人心を掌握する。

新任監督の～の方針が上手くいって、今期の成績が目に見えていい。

行《い》きがけの駄賃《だちん》

ことのついでに別のことをすること。荷物を取りに馬を問屋に連れていくのに、ほかの荷を載せていって運賃を稼いだことから。

台風は～に収穫寸前のリンゴを払い落としていった。

一巻《いっかん》の終《お》わり

物語の終わり。次の巻を用意しないかぎり一巻出ただけで永遠に終わりである。つまり、すべてが終わること。もう結末がついていて手遅れなこと。

時速一五〇キロ、雨の高速、急カーブ、～である。

鵜《う》の目《め》鷹《たか》の目《め》

鵜が魚を、鷹が小鳥を探すような鋭い目つきでものを探すこと。

刑事は家宅捜索で、目的のものを～で捜した。

産《う》みの苦《くる》しみ

独創的なアイデアを思いついたり、画期的なものを作ったりするのは、子を産むのに似た苦しみだということ。

その展覧会で、芸術家の～というものに触れることができた気がする。

お家芸《いえげい》

短歌には短歌の伝統の家（藤原俊成《ふじわらのしゅんぜい》・定家《ていか》の御子《みこ》左家《ひだりけ》）があるように、諸道は家ごとに伝わったことから、表題語は「得意中の得意」のこと。

クラシックギターが彼の〜だ。

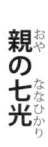

音沙汰《おとさた》がない

便りがない、訪問がない、という意味。

三月《みつき》前に訪ねてきてそれっきり〜がない。

筆不精といっても音沙汰がなさすぎる。

親方日《おやかたひ》の丸《まる》

経営母体は国家である、という意味。後ろに国が控えているから倒産の心配がなく、経済効率だとか顧客サービスだとかを無視した官庁や公営企業の経営をからかっていう言葉。

〜の特殊法人の統廃合が課題である。
かつては国鉄（いまのＪＲ）の代名詞みたいなものだった。

親《おや》の七光《ななひかり》

本人に実力がなくても、親が偉かったり金持ちだったりで、優遇されること。

二世議員は～で票を集める。

「七《なな》」は多いことをいう。「七生報告《しちしょうほうこく》」は七度生まれ変わっても国に尽くすこと、またこの世に生まれ変わることができる限り、永遠に国に尽くすことをいう。

乳母《おんば》日《ひ》傘《がさ》

乳母は母親に代わって子に乳をやり、世話する女性。「うば」とも読む。日傘は、強い日差しが子に当たらぬようかざした。つまり表題語は「過保護」という意味。

彼は～で育ったせいか、人と争うのが好きではない。

隠《かく》れ蓑《みの》

姿が見えなくなる不思議な蓑。転じて、考えや姿を隠すためのおとりの手段。

彼は普通人の生活を～に、某国のスパイとして活動していた。

「不思議な」といえば、昔話には動物や人の心が読める「聞《き》き耳頭巾《みみずきん》」という不思議な道具が登場するのがあるが、これはドラえもんの「ほんやくコンニャク」みたいな道具である。

勝《か》ち馬《うま》に乗《の》る

有利そうなほうを選択すること。

彼は～ことで事業を大きくしてきた。

金釘流《かなくぎりゅう》

字の下手なのを表現する言い方。金釘を並べたような、あるいは曲げたような字をいう。

その～の字を何とかしないと、就職口もないよ。

ちなみに「釘《くぎ》を刺《さ》す」は、注意を促すとか忠告するの意。また、悪筆なことの表現としては、ほかに「みみずがのたくったような字《じ》」という言い方もあるが、いずれも古典的な表現になりつつある。字は書くものではなく、打つものになってきているのだから、当然である。

癇癪《かんしゃく》もち

すぐにキレるようなタイプである。「癇気《かんき》」は神経が過敏ですぐに怒り出す性格、「癪」は気に入らなくて腹が立つこと、また怒りをいう。

彼が～なのは、その言動からすぐにわかった。

黄色《きいろ》い声《こえ》

若い女性が興奮してあげる「キャアキャア」という甲高い声のこと。

アイドルのコンサートで若い女性が～をあげる。

ちなみに「嘴《くちばし》が黄色《きいろ》い」というと、「まだ若くて未熟」の意味。声には「蚊《か》の鳴《な》くような声《こえ》（蚊の羽音のように弱々しい声）」「絹《きぬ》を裂《さ》くような声《こえ》（とても甲高く鋭い声）」「玉《たま》をころがすような声《こえ》（高く美しい声）」などいろいろある。また色に関していえば、フランスの詩人ランボーに〝母音の色〟を詠んだ不思議な詩がある。「Aは黒、Eは白、Iは赤、Uは緑、Oは青」なのだという。

下駄《げた》履《ば》き住宅《じゅうたく》

一階がお店で上が住宅の建物。

土地の有効利用、生活の簡便さから～が生き残っている。

下駄関連では「下駄《げた》を預《あず》ける（処理を一任する）」「下駄《げた》を履《は》かせる（評価を甘くする）」「下駄《げた》を履《は》くまでわからない（結果が出るまでわからない）」などがある。

好一対《こういっつい》

正反対の組み合わせながらチームワークがいいこと。

剛の田中に柔の佐藤、まさに～である。

コップの中《なか》の嵐《あらし》

本人たちは大ごとのつもりで喧嘩をしているが、はたから見れば内輪もめにしか見えないもめごと。

小さな会なのに誰が次の会長で議長は誰でともめるのは、～にすぎない。

コペルニクス的転回《てきてんかい》

以前とはまったく違う考え方をすること。

コペルニクスは地動説を唱えた天文学者。地動説は、それまでの地球中心の宇宙説とは正反対の説であることから。

夫が土日に家族と過ごすようになりました。本人も～だと言っています。

同じく哲学者カントは主観があってこそ客観があると主張し、コペルニクス的転回と称された。

コロンブスの卵《たまご》

アメリカ大陸発見など快挙ではない、誰でもできると言われたコロンブスは、「この卵を立ててみよ」と衆人に問題を出した。解く者がいないので、彼は卵の尻を潰して立ててみせた。結果を知れば誰でもできそうに思うが、最初にやるのは難しいことのたとえ。

君は何でも批評して涼しい顔をしているが、～のたとえを知らないのか。

宗旨《しゅうし》替《が》え

宗旨は宗教の中心にある考えだが、転じて個人の主義主張・好み・職業をいう。それを替える、ということ。

彼は～をしたのか、最近、妙に人当たりがよくなった。

涼《すず》しい顔《かお》

知らんぷりをするときの顔で、それもすました感じである。

いじめの中心人物三人が職員室に呼ばれた。リーダーだけ～で教師の説教を聞いていた。

反対に「暑苦《あつくる》しい顔《かお》」は、思い入れたっぷりの顔のこと。

関《せき》の山《やま》

関は「へだて」「遮りとどめるもの」。表題語は、(行く道を山に阻《はば》まれて）それが限界である、せいぜいそこまでである、の意味。

彼は気弱で、酔って人に突っかかるのが～である。

善後策《ぜんごさく》

何かミスがあるなどしたときに講じる対策のこと。あとをよくするための策。後始末。

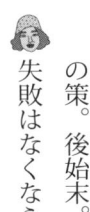

失敗はなくならない。大事なのはその～をどう立てるかだ。

総嘗《そうな》め

すべてに勝つこと、すべてを覆い尽くすこと。

アカデミー賞各賞～の映画、日本上陸！

高飛《たかと》び

犯人が遠いところへ逃げること。高く飛べばそれだけ遠くへ達する。

事件後すぐに一味はマニラへ～した。

他人《たにん》の空似《そらに》

血のつながりがないのに、よく似ていること。「そら」は「架空」の意味。

～とはいうものの、彼は前任の課長にそっくりだ。

「空耳《そらみみ》」は音や声が聞こえたような気がすること。また「似る」の類義語「瓜二《うりふた》つ」は瓜をふたつに割ると形が同じことから、「よく似ている」という意味に。他人同士より兄弟などの近い関係で使う。

駄目《だめ》押《お》し

囲碁で対戦者どちらの所有にもならないところを「駄目」という。最後にお互いに石を詰めて、どちらの陣地でもないことを確認する。「念入りの確認」という意味。

彼女の最後のひと言が～になって、彼は未練を断ち切った。

綱引《つなひ》き

比喩的に使って、ひとつのものを奪い合うこと。

少ない交付金をめぐって関係諸機関で～が始まった。

鶴《つる》のひと声《こえ》

誰もが従わざるをえない権威ある命令。

彼の～でびしっと隊列が整った。

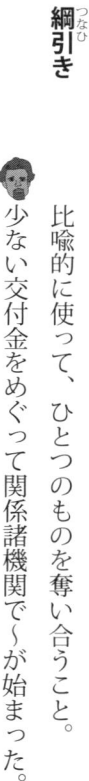

ちなみに、つるの声が冴えて遠くまで聞こえるのは、気管が長く、しかも胸骨の中でとぐろを巻いてトランペットのようになっているからである。中国語では「一言堂」という。毛沢東《もうたくとう》のような存在である。

敵《てき》もさる者《もの》

さる者は「したたか者」の意味。

～で、次々と新手《あらて》の営業戦略を繰り出してくる。
「敵もさる（猿）者ひっかく者」としゃれることがある。語感のしゃれでいうと、英語のSee you later, alligator.も同じ類い。アリゲーターはワニの一種で、とくに意味はない。later, aligator の脚韻を楽しむ。

梃子入れ《てこい》

相場の上がり下がりを人為で調節すること、転じて不調のものを助けること。

業績不振の～に銀行から社長がやってきた。

心太式《ところてんしき》

テングサの煮汁を四角く固めたものを長方形の木の箱に入れて、上から押すと、下の格子状の網目の間から角張った細長い心太がにょろにょろ、次々と出てくる。そのように、押されて自然に前に進む様子。また、そのような方式。

港で船積みされる乗用車は、～にアメリカ本土に輸出され、市場を席巻した。

丼勘定《どんぶりかんじょう》

丼は、職人の腹掛けの前に付いた袋状のもの入れのこと。そこからお金を出し入れしたことから、大まかな計算のこと。

うちの社長は～ながら、どの事業ならいくらの投資が必要かパッとつかむのが上手い。

ないものねだり

文字通り、ないものを無理に欲しがること。子どもとデパートに行って目当ての品物がないとわかると、火がついたように泣き騒ぐ。ないとわかって余計に欲しいのである。もちろん大人に対しても使う。

何度言ったらわかるの？　～はやめなさい。

今度の合併は、わが社が～をしたようなものだ。

生《な》さぬ仲《なか》

継母や継父と継子の間柄。あるいは養父母と養子の間柄。この「生す」は「産む」ということ。

～といいながら、じつの親子以上に濃《こま》やかな愛情が通《かよ》っている。

七《なな》つ道具《どうぐ》

あることをするのに必要なひとそろいの道具。

世にいろいろと〜があるが、ビジネスマンのそれは何だろう。

弁慶《べんけい》、武士、大名行列、婦人、盗っ人に七つ道具あり。山本薩夫《やまもとさつお》監督『にっぽん泥棒物語』では泥棒に七つ道具があるといっている。ちなみに婦人の七つ道具は「はさみ、ナイフ、針、耳かき、毛ぬき、糸巻、爪切り」など。

浪花節的《なにわぶしてき》

浪花節は義理人情の絡んだ話を語ることが多い。そこから「理性ではなく感情に訴えること」や「理性的に解決するのではなく、感情レベルで合意すること」をいう。

〜な解決法だとわかっていても、経済的合理性一辺倒に徹し切れない。

鳴《な》り物入《ものい》り

鳴り物は楽器、あるいはお囃子《はやし》のこと。鳴り物が入ると賑《にぎ》やかになることから、「前評判高く」の意味。

〜で登場した首相だが、独自の路線を出せず急速に人気を失った。

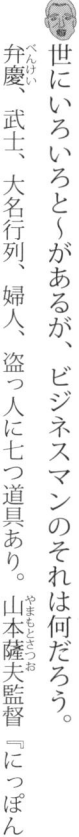

二《に》の舞《まい》

舞楽で一番目の曲を真似て滑稽に舞ったもの。転じて、前の人と同じ失敗をすること。

彼も父親の～で、経営好調時に大きな失策をした。

「二」を使った表現「二《に》の次《つぎ》」は三番目ではなく二番目のこと。後回しの意味。

裸一貫《はだかいっかん》

貫は重さやお金を数える単位。資本は裸だけ、という意味。

～から財を成した立志伝中の人物。

話《はなし》のつま

「つま」を漢字で書くと「具」、お刺身や汁ものに添えられた海藻や野菜のことをいう。ゆえに「話のついで」とか「話に色を添える」といったニュアンスになる。

～で恐縮ですが、最近、ゴルフを始められたそうですね。

鼻《はな》ちょうちん

最近、めっきり見かけなくなったのが洟《はな》たれ小僧である。昔は「あおっぱな」をたらした子どもがけっこういたものである。その洟たれ小僧が息を出すと、洟がちょうちんのように膨らんだ。ティッシュもハンカチもなくて、袖で洟を拭いた時代の表現である。

猫がひなたで鼻ちょうちんを出して寝ている。

パンチを利《き》かせる

印象度を上げる、といったニュアンス。

この広告文はもっとパンチを利かせたほうがいい。

膝《ひざ》づめ談判《だんぱん》

膝と膝が触れ合うほどに間近に、しかも熱意をもって交渉することをいう。

彼は～で父親の反対の意思を覆した。

一《ひと》つ穴《あな》の貉《むじな》

貉はあなぐま、あるいは混同してたぬきのこと。表題語は「同類」「ワル仲間」のこと。「同じ穴の貉」という言い方もある。

それをやったら、あいつと～だぞ。

ひと目《め》ぼれ

第一印象で好きになってしまうこと。

あの夫婦は、旦那の～が発端だったそうだ。

ひと目の次はふた目だが、こちらは「ふた目（二度）と見られない惨状だ」のように否定的に使う。

紐付《ひもつ》き

女に愛人があること、あるいはそういう女のこと。転じて、条件付き、ということ。

日本のＯＤＡは日本企業が出張《でば》っていく、いわゆる〜が多数だ。

氷山《ひょうざん》の一角《いっかく》

氷山は、海から突き出ているのはほんの一部で、じつは隠れた部分が大きいことから、表面に現れていることはものごとの一部分でしかないということのたとえ。

今回課税対象になったのは〜で、じつは巨大な裏金があるといわれている。

見えない部分に実態があるという表現では「鴨《かも》の水掻《みずか》き」がある。水から出た部分は優雅に見えるが、水面下では忙しく足が動いている。「景気がよさそうですね」「いや鴨の水掻きですよ」のように応じる。

瓢箪《ひょうたん》から駒《こま》

駒はサイコロのこと。意外なところから意外なものが出てくること、冗談のつもりが現実になること。

あの二人は相性がよくないと思ったけど、一応引き合わせてみたら、～で結婚が決まってしまった。

二《ふた》つ返事《へんじ》

イエスを二回言うほどに乗り気なこと。

友人からの結婚披露宴の招待に～で答えた。

ぶっつけ本番《ほんばん》

練習や準備なしで本番に向かうこと。

結婚式で～でスピーチをして大汗をかいた。

判官《ほうがん》びいき

不遇な人に同情すること。源義経《みなもとのよしつね》は京都の判官（警察庁長官および検察庁長官）で、平家との戦いで活躍したが、兄頼朝《よりとも》に遠ざけられ殺された。そういった不運の人に同情し肩入れする気持ちである。

左遷から本社に戻った人だから、つい～したくなる。

眉唾《まゆつば》もの

眉に唾をつければきつねにだまされないという風習からできた言葉という。眉に唾をつけて気をつけなくてはならないもの＝不確かでいかがわしいもの。

あそこの骨董屋、～ばかりだ。

似せて作った「偽物」のことは「紛《まが》いもの」という。

見切《みき》り発車《はっしゃ》

議論が十分にされていないまま、決定・実行すること。発車時刻がくるなどして、まだ客が全員乗れていないのに発車してしまうことから。

まだ微調整が残っているのに、協議会は～をしてしまった

耳学問《みみがくもん》

自分で苦労しないで、人の言葉を聞いて学ぶこと。

私なんぞ～ですから、確かなことはひとつも言えません。

「耳」を使った言葉では「耳年増《みみどしま》」がある。経験は浅いのに、受け売りの知識だけは一人前の若い女性をいう。

もらい泣《な》き

人が泣いているのに引きずられて泣いてしまうこと。

遣《や》らずの雨《あめ》

彼女の涙につい〜しちゃった。

出かけようとするとき、あるいは客が帰ろうとすると折あしく降ってくる雨のこと。

恋する二人には〜がかえってうれしい。

夜《よ》討《う》ち朝《あさ》駆《が》け

夜に襲い朝に襲うが、昼間は鳴りをひそめる。つまり奇襲である。

〜の取材で、彼は何度もスクープ記事を放った。

我《わ》が世《よ》の春《はる》

人生の絶頂期という意味。

若者たちはいまを〜とばかりに酒を飲み歌い恋に明け暮れていた。

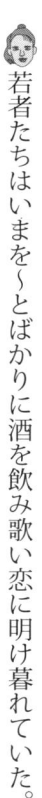

権勢を誇った平安時代の藤原道長《ふじわらのみちなが》は我が世の春を次のように歌った。「この世をばわが世とぞ思ふ望月の欠けたることもなしと思へば（この世界は私のもの。満月のように我が人生は満ち足りていることよ）」

4

味《あじ》をしめる

一度うまさや利益を味わうと、次も欲しくなる。そういった淫《いん》する感じがよく出ている。「しめる」は「占める」である。

麻薬は一度～とあとが怖い。

「味」を使った表現には「味《あじ》なことをする（気の利いたことをする）」「いい味《あじ》を出《だ》す（〈人などが〉いい雰囲気を見せる）」「味《あじ》な気分《きぶん》にひたる（満足な気持ちになる）」などがある。

一家《いっか》をなす

学問・芸術などで認められて、流派をなすこと。あるいは、一方の権威者となること。

彼は下積みが長かったが、結局は実力があって一家をなした。

うけに入《い》る

「有卦《うけ》」は、陰陽道《おんみょうどう》で生年の干支《えと》によって7年間いいことが続く年回りのこと。そのあとに五年の「無卦《むけ》」がある。表題語は「運が向いている」の意味。

彼はうけに入ったのか、やることなすこと上手くいく。

上前《うわまえ》をはねる

売買などで仲介者が料金の一部を取ることを「上米《うわまい》」といった。あるいは、江戸時代に神社の領地を通る諸国の年貢米に課した通行税も「上米」である。上前はその転じたもの。表題語は、間に立つ者が手数料を取ること。

社会のあちこちに〜ようなところが多いと、経済は順調に回らない。

お座敷《ざしき》がかかる

芸者や芸人が酒席に呼ばれることから、酒に誘われること。やや自嘲の気分がある。

いやあ今日は部長からお座敷がかかっているので失礼します。

音頭《おんど》をとる

多くの人間で歌ったり演奏したりするときに、最初に声や音を出して調子をとるのをいう。転じて、率先して集団の意思をまとめること。

いつも宴会で〜のは営業の彼と決まっている。

肩《かた》で風《かぜ》を切《き》る

肩をそびやかして得意な様子で歩くこと。

羽振りがいいのか、最近あいつ、肩で風を切って歩いている。

「肩」を使った言い方には「肩《かた》を並《なら》べる（同じレベルになる）」「肩《かた》ならし（準備運動、練習）」などがある。

金《かね》にあかす

「あかす」は「飽かす」、つまり「飽きさせる」。「金をふんだんに使って」の意。

土地成金のイメージそのままに金にあかして豪勢な家を建てた。

「あかす」を同じ意味で使って「暇《ひま》にあかす」という表現もある。「彼は暇にあかしてゴルフ三昧《ざんまい》の日々だ」のように使う。

私腹《しふく》を肥《こ》やす

「私」と「公」は対の言葉で、「私腹」は「公」からかすめ取って肥やすものである。自力で稼ぐのは私腹とはいわない。

白羽《しらは》の矢《や》が立《た》つ

派閥のボスが〜ことしかやっていなかったと知って世間は幻滅した。

古くから、神様はいけにえに欲しい少女の家に白羽の矢を立てるという言い伝えがあったことから、表題語は「特別に選ばれる」の意味。

今回の調停役として彼に白羽の矢が立った。

民俗学者の折口信夫《おりくちしのぶ》や南方熊楠《みなかたくまぐす》は人身《ひとみ》御《ご》供《くう》（人間を神に捧げること）は事実としてあったという立場である。

白《しら》を切《き》る

この「白」は「知ら」という説もある。知らないふりをすること。しらばっくれる、も同じ意味。ただ、「白」には「無視する」という意味もあり、「白を切る」には「無視する」という意味もある。

残っていた大福を食べたのではと問い詰められたが、白を切った。

白《しろ》を黒《くろ》と言《い》いくるめる

白と黒はまったくの逆。それを無理に、白を黒だと言い張ることをいう。

この辺の土地がいずれ値上がりするなんて話は、〜ようなものだ。

証拠も上がっているんだ。〜のもいい加減にしろ。

ちなみに「黒白《こくびゃく》をつける」は、白（善）か黒（悪）か結論を出すこと。

地《ち》の利《り》を得《え》る

山岳地帯で雪が多く、しかも都市部からのアクセスのいいところはスキー場に適している。これが「地の利」である。戦で勝手を知った自分の土地で戦うのも「地の利」である。

選挙は～のはもちろん、時の利も必要である。

帳尻《ちょうじり》を合《あ》わせる

帳尻は帳簿の記載の終わりのところ。転じて、決算の結果。表題語は最終的につじつまを合わせること。

ベテランの野球選手ともなると、シーズンの終わりにはきっちり～のが上手い。

壺《つぼ》にはまる

得意の領域になる、の意味。

彼は～と格段の力を発揮する。

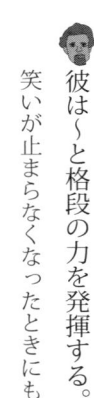

笑いが止まらなくなったときにも、「壺《つぼ》にはまった」という。ちなみに「思《おも》う壺《つぼ》である」は「予測したとおり」の意味。

手《て》ぐすねを引《ひ》く

くすね（薬練）は弓の弦を強くする薬。表題語は「しっかりと準備する」こと。

クリスマスのご馳走を子どもたちは手ぐすね引いて待っている。

錦《にしき》を飾《かざ》る

成功して故郷に帰ることをいう。錦は高価な絹織物のこと。

最近は故郷に〜より、最初から故郷で地に足のついた活動をする人が多い。

「錦《にしき》の御旗《みはた》」は、錦に金銀で日月を描いたもので、官軍（政府軍）の旗。転じて、その権威を表明すると、みんなが納得するもの。

ハッパをかける

ハッパは「発破」で、岩石に火薬を仕込んで爆破すること。あるいは、火薬のこと。転じて、勢いよく人を励ますこと。

あいつ、こないだハッパをかけてやったら、逆にシュンとしちゃった。

左団扇《ひだりうちわ》で暮《く》らす

仕事をしないでも安楽に暮らしていけることをいう。最高の境遇である。それがなぜ「左団扇」なのか。団扇をあおぐのは右手（利き手）の仕事なのに、のんびり左手を使う余裕があるからである。

土地の値段が高いときに売り抜けたから、いまは左団扇で暮らしている。

ピッチを上《あ》げる

「ピッチ」はボートを漕ぐのに一分間に引くオールの回数、また同じことを繰り返すときの速度や回数。ピッチを上げれば、当然、スピードは速くなる。

もっとピッチを上げて仕事をしろ。

終電が近いからもっとピッチを上げて飲もう。

5

居留守《いるす》を使《つか》う

家にいながら留守のふりをすることが居留守。当たり前の造語法だが、的確である。居留守を使っているときは、もちろん玄関に声がしても、電話が鳴っても出ない。

男《おとこ》が廃《すた》る

気が小さいせいか、~のにも疲れてしまう。

男の体面にかかわるから嫌だ、の意味。

状況がまずくなったからといってここで抜けたら~。

男に関係する言葉はけっこうある。「男《おとこ》を磨《みが》く（男気を高める）」「男《おとこ》を売《う》る（男性らしい性格であると評判を広める）」「男《おとこ》が立《た》つ（男として名誉が保たれる）」「男《おとこ》を上《あ》げる／下《さ》げる（男性が立派な行いによって自分の面目を高める／恥ずかしい行いによって自分の価値を低める）」などである。

おはらい箱《ばこ》になる

災厄を除くために神社で行うのがお祓《はら》いである。そのお祓い用のお札《ふだ》などを入れておくお祓い箱は毎年、新しいのが伊勢神宮から信者に配布される習わしだった。つまり以前のは要らなくなって捨てること、転じて解雇されたり、使われなくなったりすること。

あのシステムはもう古いからおはらい箱だ。

会社からおはらい箱になって人生の岐路に立った。

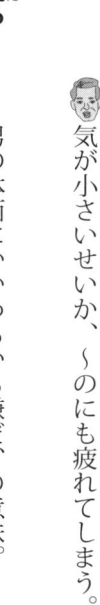

固唾《かたず》を呑《の》む

「固唾」は緊張して身構えたときなどに出る唾。そこから、事の成り行きを見守って緊張している様子。

大観衆が写真判定の結果を固唾を呑んで見守った。

「生唾《なまつば》」はおいしそうなものや酸っぱそうなものを見て自然に出てくる唾。「つやつやとした桃を見て、ごくっと生唾を呑み込んだ」のように使う。

看板《かんばん》を下《お》ろす

人の注意を引くのが看板である。そういう際立ったものをやめること。

あそこは和菓子が呼び物だったのに、とうとうその〜ことになったらしい。

逆に「看板《かんばん》を背負《せお》う」は代表として頑張ること。

臭《くさ》いものに蓋《ふた》をする

自分にまずいことや、疑惑をもたれる可能性のあるものを知らんぷりしたり隠しだてすること。ただし、一時的な処置でバレやすい。

そんな〜ような処理の仕方だと、すぐに露見するよ。

沽券《こけん》に関《かか》わる

「体面に関わる」とか「品位に関わる」ということ。憤慨したときに使

うことが多い。なお、「沽券」は不動産や物品の売り渡しの証文のこと。

情実で人を採ったと言われては～。

言葉尻《ことば じり》をとらえる

話し手の言い損ないをわざと取り上げること。話の中身ではなく言葉の形をあげつらうのを〝言葉尻〟といったのは巧みである。

ポテトをポタトと言っただけじゃないの。人の言葉尻をとらえてどこがおもしろいの？

斜《しゃ》に構《かま》える

「ななめ」じゃなくて「しゃ」というのがいい。いかにも人の意見を素直に聞かない、へそ曲がりの拗《す》ねた感じが出ている。

いつまでもガキみたいに斜に構えていても、何の得にもならんぞ。

側杖《そばづえ》を食《く》う

喧嘩《けんか》をそばで見ていて、振り回す杖に当たることから、自分に関係のないことで災難に遭うこと。とばっちりを食う。

女子社員の口喧嘩を眺めていたら、「あんたにも責任がある」と側杖を食ってしまった。

泥《どろ》をかぶる

他人の罪や失敗を引き受けること。

この仕事は～つもりじゃないともたないよ。

泥関連の言葉は「泥《どろ》を吐《は》く（罪状を白状する）」「顔《かお》に泥《どろ》を塗《ぬ》る（人の面目をなくす）」などがある。中国、唐の時代の詩人、杜甫《とほ》の詩「冬至」に「泥殺」という言葉がある。「忽忽窮愁泥殺人」の一行を、作家陳舜臣《ちんしゅんしん》は「嫌になるほどのつらい愁《うれ》いは、人をくたくたにさせる」と訳している。「泥」はどろどろにすること、「殺」は甚だしいこと。また、「愁風愁雨人《しゅうふうしゅううひと》を愁殺《しゅうさつ》す」の言葉もある。「風も雨もうっとうしくて死にそうだ」がおおよその意味。小説家の開高健《かいこうたけし》がよく使った。

弾《はず》みを食《く》う

人やものの急な動きを、別の人やものがやむなく受けてしまうこと。

電車の急停止の弾みを食って乗客がどっと前方に押し寄せた。

話《はなし》の腰《こし》を折《お》る

誰かがしゃべっているときに、別の話題などで話を中断することをいう。

～ようなことを言うようですが――。

話の腰を折っちゃってすみません。

腰は身体の要なので、それに合った表現がある。「腰《こし》くだけになる（途中で事が駄目になること。ふがいないというニュアンス）」「腰《こし》を抜《ぬ》かす（びっくりすること）」「腰《こし》が低《ひく》い（へりくだった感じ）」「腰《こし》をすえる（覚悟を決めてどっしりと構えること）」。ちなみに「腰折《こしお》れ」は下手な詩歌・文章のことをいう。「話」を使った表現では、「話《はなし》が見《み》えない（言っている内容がよくわからない）」「話《はなし》の糸口《いとぐち》がつかめない（話し始めるきっかけがつかめない）」がある。「話《はなし》の枕《まくら》」というと、話の始めの部分。

額《ひたい》に八《はち》の字《じ》を寄《よ》せる

眉が「八」の字になっているときは、怒っているか不快なときである。いつもそんな眉をしている人は近づきがたい。

また額に八の字を寄せたところを見ると、何かご立腹だね。

棒《ぼう》に振《ふ》る

それまで積み重ねたものを無にする。「人生を棒に振る」というと「人生を無駄にする」の意味。

ささいなことがきっかけで、せっかく築いた人間関係を〜ことがある。

矛先《ほこさき》をかわす

矛は両刃の剣に長い柄が付いたもの。「矛先」は攻撃目標に向けられるもの。

課長はここぞというときに追及の～のが上手い。

水《みず》をさす

脇から邪魔をし、上手くいかないようにすること。

せっかく乗ってやってるのに、水をささないでよ。

水を使った表現も多彩である。「水《みず》と油《あぶら》（まったく合わないこと）」「水《みず》も漏《も》らさぬ（漏れのない完璧な）」「水《みず》をあける（差をつけること）」「水《みず》を向《む》ける（関心を向けさせる）」「水《みず》が入《はい》る（相撲が長引いて間に休憩をとること）」「焼《や》け石《いし》に水《みず》（やっても無駄）」「呼《よ》び水《みず》となる（きっかけとなる）」などがある。

割《わり》を食《く》う

ほかの人の影響で自分に不利な状況になること。

彼はもの心ついてからずっと自分が割を食っているという感覚から抜け出せない。

第二章

曰く言いがたいことを上手く言う

□■□　練習問題　□■□

□□にあげず

間を置かずに、つまり熱心に、ということ。

答えは99ページ

□呑《の》みにする

他人の意見を考えもせずに受け入れること。

答えは104ページ

言《い》い得《え》て□

「上手い言い方である」の意味。

答えは114ページ

□踏《ぶ》み

ものごとを実行に移す前にまず試してみること。

答えは126ページ

□リレンマ

三者択一を迫られて窮地に追い込まれること。

答えは140ページ

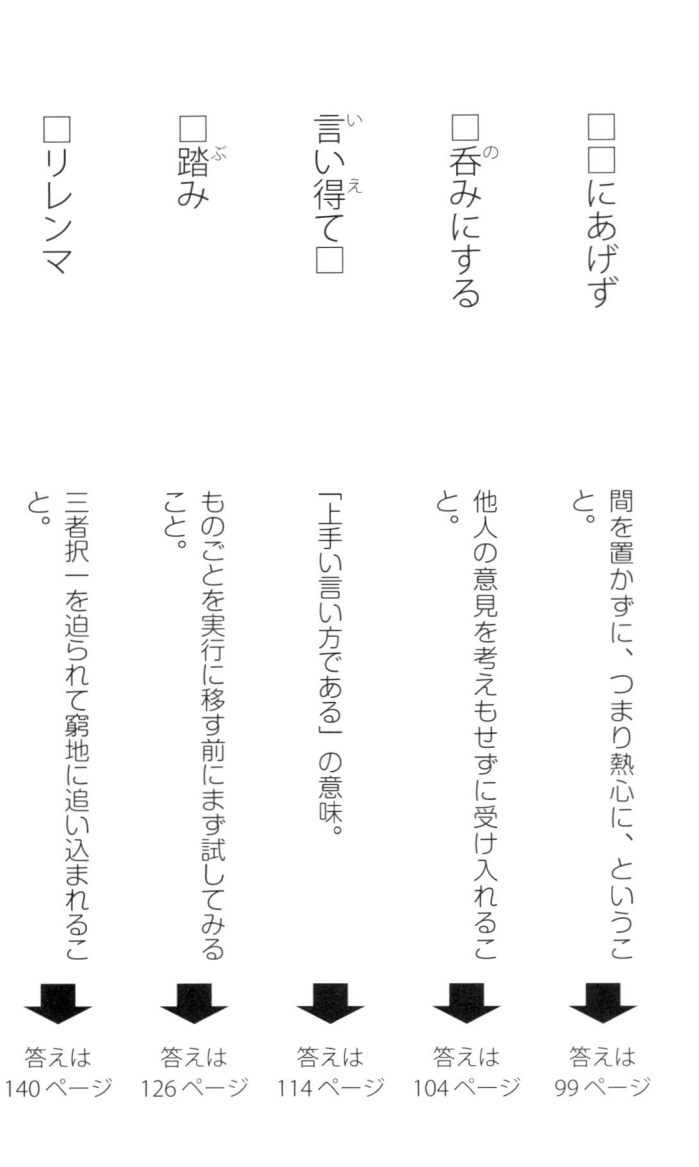

1

相身《あいみ》互《たが》い

同じ境遇、身分を同情し合うこと。

同じ宮仕え、〜に酒を酌《く》み交わそう。

あられもない

構造は〈「あり」＋「れる」（可能の助動詞）＋「も」（係助詞）＋「なし」〉で「あることもない」、つまり「普通にはありえない」、とくに女性に限って使う。

お酒のせいで、彼女は〜姿で酔い崩れた。

板挟《いたばさ》み

ＡＢのどちらとも決めかねるときのサンドイッチ状態である。

恩のある二人の候補者の〜にあって、どちらの応援活動にも踏み出せない。

一札《いっさつ》入《い》れる

謝罪の意や約束を記した文書を差し出すこと。

あなたの不注意で起こった事故だから、部長に一札入れておく必要があるね。

一世《いっせい》を風靡《ふうび》する

「一世」はある時代、「風靡」は風が草木を靡《なび》かせるように多くの人間を動かすこと。

戦後、若者文化が〜ことが多くなった。

かつて渋谷に劇男一世風靡《げきだんいっせいふうび》という路上パフォーマンスグループがあった。団長は現在俳優の平賀雅臣《ひらがまさおみ》。柳葉敏郎《やなぎばとしろう》や哀川翔《あいかわしょう》が団員として所属していた。

行《い》って来《こ》いでチャラ

お金の貸し借りで「行ったものが帰ってくれば」貸し借りなし（チャラ）になる。

こないだお酒をおごったら、後日、食事に誘われて、〜になった。

「プラスマイナスがゼロ（プラマイゼロ）」「とんとん」「ツーペイ」に同じ。

因果《いんが》を含《ふく》める

因果は、原因があって結果があるとする理知的な考え方。表題語も「訳をじっくり話してあきらめさせる」意味。

引導《いんどう》を渡《わた》す

昔は、だだをこねる子どもに因果を含めて丁稚《でっち》奉公に出させたものだ。

引導は、死者を葬る前に迷わずに浄土に行けるように道を示すこと。表題語は「最終の言葉を伝える」「縁切りをする」こと。

部の監督も彼のルール違反に手を焼いて、とうとう引導を渡した。

間違って「いんろうを渡す」という人がいるが、「いんろう」は「印籠」で、本来印判を入れるもの。

倦《う》まず弛《たゆ》まず

人間国宝と称される人は～自分の道に精進した人だ。

飽きもせず、油断もなく、ということ。着実にこなすだけ。

裏《うら》をとる

ある事柄が実際にそうなのかどうか確認すること。

今度の一件は～までもなく、彼が首謀者である。

「裏」を使った言葉で「裏《うら》をかく」は予想に反することをして相手の計画を挫《くじ》くこと、「裏《うら》には裏《うら》がある」は隠された複雑な事情があるということ、「口裏《くちうら》を合《あ》わせる」は複数人であらかじめ話の内容・筋道を決めて誰かをだますこと。

お蔵《くら》になる

興行が中止になること。作品などが発表予定なのに発表されずに終わること。蔵にしまって日の目を見ないことから。

最後の脚本ができるまでに、いくつもの案がお蔵になった。

「お蔵入りになる」ともいう。

掛《か》け値《ね》なし

「掛け値」は実際の値段より高く値段を付けることをいう。表題語は「正真正銘」の意味。

～であいつがトップの実力である。

金《かね》に糸目《いとめ》はつけない

正月に揚げる凧《たこ》の表面には、バランスを調節するために糸を付けた。その糸目をお金にはつけない、つまり調節せず使い放題ということである。

旧日本軍の隠し財宝探しで、ある富豪が～と言明した。

噛《か》み合《あ》わせが悪《わる》い

入れ歯を入れると、しばらくはなんとなく調子が悪い。上と下の歯がずれているように感じる。それを「噛み合わせが悪い」と表現する。

閑古鳥《かんこどり》が鳴《な》く

新しい入れ歯のせいで〜。

カッコウがなまってカンコドリになった。意味は人の訪れがなく寂しいこと、とくに商売不振をいう。当てた字がいかにもである。

布団屋は閑古鳥が鳴いてもなかなか潰《つぶ》れないから不思議だ。

カッコウの鳴き声は響きがいい分、あとの静寂が目立つ声である。

きな臭《くさ》い

紙や綿、布の焼けるにおい。あるいは、硝煙のにおい、つまり戦争の起きそうな感じである。例文は後者について。

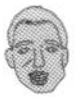
ロシア軍の動きから、きな臭さがただよってきた。

木《き》に竹《たけ》を接《つ》ぐ

前後が合わない、理屈が通らないこと。

相手の誠意がないのは、木に竹を接いだような答えからわかった。

「木」を使った言葉に「木の股《また》から生《う》まれた（人情味がない）」「木で鼻《はな》をくくる（無愛想にする）」などがある。

決《き》め台詞《ぜりふ》

ここぞというときのインパクトのある言葉。テレビドラマ『水戸黄門』の「この印籠が目に入らぬか」がそれ。

あの人の～は「ビジネスマンに二言はない」である。

虚《きょ》を衝《つ》く

「虚」というのは空っぽのことである。用意がない（＝「虚」）ときに攻撃をかけたり、言葉や行動を突きつけることをいう。

思いがけない質問で虚を衝かれたような顔をした。

作家の埴谷《はにや》雄高《ゆたか》は〝虚体〟という不思議な言葉を使う。

きれいごと

体裁ばかりがよくて現実味のないこと。否定的に使われる言葉である。本来は手際よく美しく仕上げることをいう。

商売はそんな～ばかり言っていても始まらないだろう。

結果《けっか》オーライ

「終わりよければすべてよし」と似た言葉で、途中にいろいろあっても、いい結果になれば帳消しになる、という意味。ずさんなやり方に非難の気持ちはあるが、結果で判断しようということ。

こきおろす

よく成約に漕ぎつけたものだ。～としか言いようがない。

厳しく批判すること。漢字では「扱き下ろす」と書く。「扱く」は、他人の欠点などを指摘して非難すること。

芝居がはねて翌朝、主役を～劇評が続いた。

こけ脅《おど》し

こけは「虚仮」で、中身と外身が違うこと、浅い考え、あるいは愚かな人。表題語は、見かけだけの脅し。

毎回何やかや言ってくるが、～にすぎない。

ちなみに「こけの一念《いちねん》」は、愚かでも一生懸命やればどうにかなる、という意味。

里心《さとごころ》がつく

いまでいう〝ホームシック〟のことである。里＝故郷へ帰りたい心になること。

その歌は彼の田舎の歌だよ。里心がついてしまうからやめときな。

「帰《き》心矢《しんや》のごとし」というと、「故郷に矢のようなスピードで帰りたい」。

さめざめ

「さめ」は「細雨」「小雨」ともいう。雨粒のように涙を流すこと。

母は不幸続きのわが子のことが不憫《ふびん》で〜と泣いた。

さもありなん

いかにもありそうなことだ、といった意味。

彼の両親が子どものことで学校に乗り込んだと聞いて、〜と思った。

死線《しせん》を越《こ》える

牢獄や捕虜収容所を囲む柵が「死線」。大正時代の大ベストセラー、賀《か》川豊彦《がわとよひこ》著『死線を越えて』から。表題語は「決死の覚悟で」の意味。

敗戦後、ソ連から死線を越えてたくさんの人が帰ってきた。

しゃっちょこばる

「しゃちほこばる」の転。鯱《しゃち》のようにいかめしく構えること。あるいは、緊張して体をこわばらせること。例文は後者のケース。

大社長に会って、ついしゃっちょこばってしまった。

ストンと胸《むね》に落《お》ちる

「よくわかった」というのをこう表現すると、鮮やかなイメージになる。「ストン」はものが弾みをつけて落ちたり打ち当たったりする擬音語。

その言葉でストンと胸に落ちました。ほかに胸を使った言い方を挙げると、「胸《むね》に一物《いちもつ》ある（心に企《たくら》みがある）」「胸《むね》を焦《こ》がす（激しく恋をする）」「胸《むね》に迫《せま》る（非常に感動する）」など。

俗耳《ぞくじ》に入《はい》りやすい

俗耳は一般の人の耳。表題語は「（俗な話や通りのいい話は）人の興味を引き入れやすい」という意味。

わがままな人間が増えたのは戦後教育のせいだというのは、～意見だ。

体《たい》を成《な》す

意味は「本来あるべき姿を保つ」。「体」は「てい」とも読む。

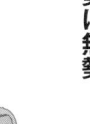

かつて教室に暴力の嵐が吹き荒れ、教育の体を成していなかった。

「ほうほうの体《てい》」は「あたふたした様子」。また「～の体《てい》で（のつもりで）」は若者の流行り言葉。

多勢《たぜい》に無勢《ぶぜい》

戦力に開きがありすぎて、勝負にならないこと。「多勢」は人数が多いこと。

総会ではなにぶん～で、我々の反対意見は黙殺された。

たたらを踏《ふ》む

たとえば走っていて、いざ止まろうとすると、勢いあまって「おっとっと」と片足で前に二、三歩出ることがある。あれが「たたらを踏む」である。

えいっ！　と竹刀を打ち込んだが、的を外してたたらを踏んだ。

たたらとは大きなふいご（鞴）のこと。ふいごは足で踏むと空気が出て、火をおこすのに便利な道具である。以前は鍛冶屋や蹄鉄屋などで使われた。

ためつすがめつ

あっちこっちからよく見て調べること。「矯《た》める」はじっと狙いをつけること、「眇《すが》める」は目を細めて見ること。

年配の客が一時間近くも～して陶磁器を買っていった。

付《つ》かず離《はな》れず

べたべたせずよそよそしくもせず。意外と作るのが難しい関係である。

大学卒業以来、彼ら二人には～の関係が続いている。
「不即不離《ふそくふり》」ともいう。

手《て》塩《しお》にかける

「手塩」は膳に添えた塩のこと。表題語は、愛情をもって育てることをいう。

手塩にかけて育てたというだけあって、伸びやかな屈託のない子に育っている。

手《て》なぐさみ

気持ちを慰めるちょっとした遊び（博打《ばくち》などもいう）。

～のつもりが深間《ふかま》にはまるのが賭け事の怖いところである。

「手《て》すさび」も同じ意味だが、すさびは「遊び」と書く。「筆《ふで》のすさび」は、気持ちのうごめくまま書き散らすこと。

てにをはが合《あ》わない

話のつじつまが合わない、の意味。

君と彼では同じ件でも～のは、どうしてなのか。

漢文を訓読する方法に「ヲコト点」というのがあった。漢字の隅などに符号を付けて読む手助けにした。「置」の左下に点をつけると「置キテ」、左上は「置クニ」と読ませた。「ヲコト」は右上の二点に付けた「ヲ」「コト」のことで、「テニヲハ」は四つの角の言い方。

薹《とう》が立《た》つ

菜や蕗《ふき》などの茎が「薹」。成長し過ぎるとおいしくないことから、表題語は、盛りを過ぎた、適齢期を過ぎたという意味。

昔は女性は～と売れ先がないと心配したが、世の中の晩婚化が進み、そのような考えは古くなった。

通《とお》り一遍《いっぺん》

表面的、皮相的。「通りがかりに立ち寄っただけでなじみがない」というのが本来の意味。

そういう～の挨拶では人を引きつけることはできない。

度《ど》を失《うしな》う

「度」は基準のこと。驚いたりすると普通（＝基準）ではいられなくなる。

突然の地震で度を失って右往左往した。
「度《ど》を越《こ》える」「度《ど》はずれ」も基準外の状態をいう。

梨《なし》のつぶて

表題語の意味は「返事・反応がない」。つぶて（飛礫）は小石。梨は

「無し」との掛け言葉。小石を投げても反応がない。なにせ無しのつぶてだから、ということ。「梨礫」とも書く。

いくら問いかけても〜で反応がない。

七転《ななころ》び八起《やお》き

何回失敗しても立ち直ること。また、人生の浮き沈みが激しいこともいう。

人生は〜、ここであきらめたら元も子もない。

「七転八倒《しちてんばっとう》」は苦痛で転げまわること。「倒」と「起」が明暗を分けている。

習《なら》い性《せい》となる

習慣はいずれ性質となる、という意味。「ならい・せいとなる」と読む。

中年で始めたフラメンコが習い性となって、練習を欠かすと身体の具合が悪い。

年季《ねんき》が入《はい》る

商店に勤めるのに、（期限）年数を限ったのが年季。一年が一季である。

表題語は「長く修練を積んだ」の意味。

この店の家具は、ひと目で年季が入った人の作であることがわかる。

鼻息《はないき》をうかがう

「鼻息」にその人の考えや感情が自然と漏れてくるのか、妙に説得力がある。意味は「機嫌の善し悪しを見る」ということ。

いつまでも人の～ような生き方をするな。

歯《は》の根《ね》が合《あ》わない

寒さや恐れで震えることをいう。がちがちと上下の歯が合わない感じである。

あわや正面衝突というところだったので、歯の根が合わなかった。

歯を使った言葉には、「歯《は》が立《た》たない（かなわない）」、「歯《は》が浮《う》く（不快な気持ちになる）」、「歯《は》を食《く》いしばる（我慢する）」などがある。

判《はん》で押《お》したよう

「みんな同じ」「決まりきった様子」という意味だが、そのまま言うよりもこう言ったほうが印象が強い。

大多数のサラリーマンは～な生活をして疑問を感じずにきた。

膝《ひざ》が笑《わら》う

膝の筋肉が疲れて、さわさわと震えるような感じが「笑う」と表現されている。よく語感はわかるが説明の難しい言葉である。

この階段はかなりきつかった。もう膝が笑って歩けない。

「膝《ひざ》が抜《ぬ》ける」はズボンなどの膝が使い過ぎで穴が開くこと。「笑う」を使った表現では「山《やま》笑《わら》う」という俳句の季語があるが、これは「春になって山に花が咲くこと」である。正岡子規の句に「故郷《ふるさと》やどちらを見ても山笑ふ」がある。ちなみに秋の紅葉は「山粧《やまよそお》う」である。

風雪《ふうせつ》に耐《た》える

世の中の厳しい試練や非常な苦しみにくじけない、ということ。風と雪は「厳しい試練」のシンボル。演歌っぽい世界である。

わが社は風雪に耐えて社歴一〇〇年になんなんとしている。

含《ふく》むところがある

「考えていることがある」という意味。狙いを隠して、陰にこもっている印象である。

彼は含むところがあって、あんな行動に出たのだと思う。

股裂《またさ》き状態《じょうたい》

反目し合うＡＢ両方に軸足を置くと、股裂きの状態になる。

ある政党は左派と右派の分裂で～になった。

まなじりを決《けっ》する

「まなじり」は目の隅（尻）のこと。怒ったり、決心した様子のときに目を剥くのを、こういう。

この一戦、まなじりを決して立ち向かおう。

歌舞伎俳優の市川團十郎《いちかわだんじゅうろう》家には「にらみ」の伝統がある。

まんじり

「ちょっと眠る」「まどろむ」こと。否定語を伴う。

二人は山で遭難しかかって～ともしないで夜を明かした。

満《まん》を持《じ》す

弓を十分に引き絞った状態が「満」。転じて十分に準備をしてチャンスを待つことをいう。

横綱は今場所に満を持して臨んだ。

三日《みっか》にあげず

間を置かずに、つまり熱心に、ということ。三日は「三日天下」「三日坊主」など短い期間のニュアンスで、それさえも我慢できずに、の意味。

資金繰りに困っているのか、~支払いの督促にやってきた。

「あげず」は間違いなので要注意。

目顔《めがお》で知《し》らせる

事情があって言葉が使えないときに、目つきで情報を伝えるのをいう。「目顔」とは、目つきや顔の表情のこと。

秘書の女性が、部長がご機嫌斜めだと目顔で知らせてくれた。

昔の映画（とくに無声映画）では目を剝いたり顔をしかめたりと、目や顔にポイントを当てていた。

もぬけの殻《から》

セミや蛇が外皮を脱ぐのが「もぬく」、残るのが殻。転じて、人がいなくなって構えだけが残ること。漢字では「蛻《もぬ》ける」と書く。

警察が踏み込んだときには、事務所は～だった。

物見《ものみ》高《だか》い

何でも見たがる、知りたがること。

事件の現場に～人々が急速に集まってきている。

「物見遊山《ものみゆさん》」はものを見物したり、行楽をしたりすること。

焼《や》きが入《はい》る

金属を熱したあと水に入れると、強度が増す。それを「焼き入れ」という。つまり、ものごとの取り組みなどで緊張感をもつこと。

しばらく焼きが入ってないので、課全体がだらけている。

類語で「焼《や》きが回《まわ》る」は、熱しすぎて切れ味が悪くなることをいい、「衰える」という意味。「田中のおやっさんも焼きが回ったのか、めっきり迫力がなくなった」のように使う。

やけを起《お》こす

自暴自棄で突飛な行動を起こすこと。「やけ」は漢字では「自棄」と書く。

仕事が思うように進まず、彼はやけを起こした。

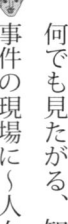

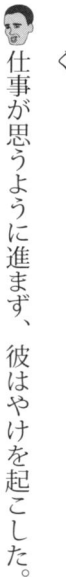

「やけ食《ぐ》い」は、食べ物を大量に食べてむしゃくしゃした気持ちをやり過ごすこと。「やけのやんぱち」は「や」の音の遊びで、人名のようにいっている。単に「やけになって」より勢いがある。

野《や》に下《くだ》る

官界から民間に転身する、という意味。下野《げや》ともいう。

長く政権を担っているうちに腐敗が進行した。一度、ここらで～必要がある。

「野党《やとう》」は政権党から下った状態である。「朝野《ちょうや》」という言葉がある。朝廷（国の機関）と民間という意味である。

やらず ぶったくり

こういう言葉はどこから生まれて、どうやって生き延びてくるものなのか不思議である。意味は「人にやらないで自分で取ってばかりいること」。

彼にはギブアンドテイクの精神はかけらもない。～で嫌われている。

明治時代後半から使われ始めた言葉である。

2

頭《あたま》のてっぺんから足《あし》の爪先《つまさき》まで

全身のこと。

コンサートで肉声を聞いて〜電撃が走った。

あまつさえ

おまけに、そのうえに、驚いたことに、という意味。漢字は「剰《あまつさ》え」。

「あまりさえ」→「あまっさえ」→「あまつさえ」と変化した。

夜は予想以上に寒かった。〜、雨も降ってきた。

あらずもがな

ないほうがいいということ。

彼のいまさらの助太刀は〜だった。

息《いき》がかかる

誰それの支配下、影響下にあるということ。

映画は監督の息のかかったスタッフがいてこそ質が保てる。

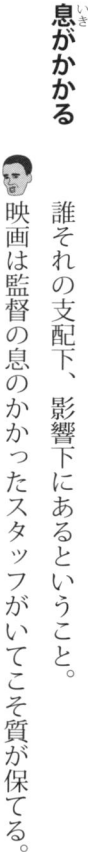

痛《いた》し痒《かゆ》し

痛くもあれば痒くもある、つまり一方を立てれば他方に支障が出るという状態で、どちらも決められないこと。

彼の指摘は、我々には～である。

ちなみに「痛《いた》くも痒《かゆ》くもない」は「平気だ」という意味。それと同じ意味で「痛《つう》痒《よう》を感じない」という言い方もある。

いの一番《いちばん》

これは「い」が「いろは歌」の一番目にあることと、「い」と「一番」の頭韻が合っているダジャレ言葉で「何はさておいても」の意味である。

火事で～に友だちが駆けつけた。

現代なら「あの一番」であろうが、それでは音が合わない。

上《うえ》を下《した》への

上下が逆になるような混乱をいう。

列車転覆の怪我人で病院は～大騒ぎになった。

打《う》てば響《ひび》く

太鼓を打って調子よく響くと気持ちがいい。そういう手ごたえをいう言葉。

演説に〜ような反応があった。

鵜《う》呑《の》みにする

鵜は魚を丸ごと口に入れることから、他人の意見を考えもせずに受け入れること。

相手が社会的な地位のある人だからといって、言うことを鵜呑みにしてはいけない。

悪《お》寒《かん》が走《はし》る

発熱で寒けが全身を移動する感覚である。

ぞくっと悪寒が走った。風邪かもしれない。

「わるさむ」と読むと、「ひどく寒い」の意味になる。

思《おも》わせぶり

「思わせるようなそぶり」ということだが、何を思わせるかはいろいろ。

早く結論を言ってよ、〜なんだから。

彼女、〜な感じだよな。

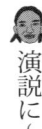

片棒《かたぼう》を担《かつ》ぐ

駕籠《かご》は前と後ろで担ぐが、そのコンビを「相棒」という。前を「先棒《さきぼう》」、後ろを「後《あと》棒《ぼう》」という。お互いに「片棒」を担ぐわけである。表題語は「加担する・協力する」の意味。

あの人の性格を知っているから、〜気にはなれない。

「お先棒《さきぼう》を担《かつ》ぐ」は「人の手先となる」こと。駕籠を使った表現に「駕籠《かご》に乗《の》る人担《ひとかつ》ぐ人《ひと》、そのまた草鞋《わらじ》をつくる人」がある。人にはそれぞれの役目があるということ。政治家の田中角栄《たなかかくえい》がよくこの言葉を用いたという。

勝手《かって》が違《ちが》う

「勝手」は「ものごとを行うときの都合や便利さ」のことをいう。表題語は、いつも慣れているものや場所とは様子が違う場合に使う。

初めての競技場は〜のか、彼は実力を出し切れずに終わった。

計算《けいさん》ずく

「計算のうえで」という意味。「ずく」は接尾語の「尽く」。

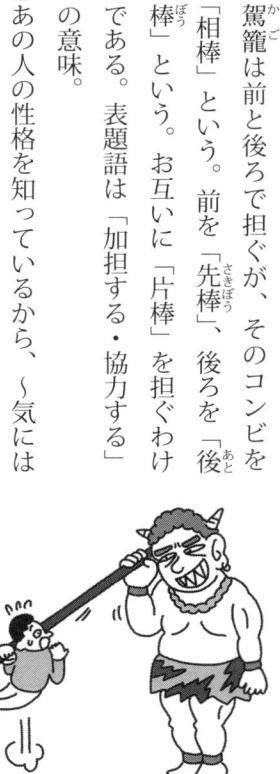

彼の失敗は~でのことだ。

「相談《そうだん》ずく」は「相談のうえで」、「腕《うで》ずく」「力《ちから》ずく」は「腕力で強引に」という意味。

けりがつく

短歌や俳句は「けり」で終わることが多いことから、「決着する」の意味。

労使の話し合いは未明にけりがついた。

ここを先途《せんど》と

先途は行き着く先、あるいは運命の分かれ目という意味。例文は後者のケース。

彼女は~と生き方そのものを堅実なものに変えた。

様《さま》になる

ふさわしい格好になっている、という意味。

初めてのスキーにしては、ウエアが様になっていた。

「様《さま》にならない」という表現もある。格好がつかないという意味。

地《じ》が出《で》る

「地」は本来の姿、持ち前の資質。

ふだんと違う状況では誰でも〜ものだ。

しれっとして

意味は「(見透かされていようと、恥知らずと言われようと)知らんぷりをすること」である。もともとは「ものに動じないさま」「何も問題にならない」という意味。

あいつ、現行犯で捕まったのに、「盗んだんじゃない」と〜いるそうだ。

この「しれっとして」を作家の阿川弘之《あがわひろゆき》は〝海軍風〟の言い方としている(『中央公論』九四年一一月号「高松宮日記」について」)。

すったもんだ

漢字では「擦った揉んだ」となる。意見が合わなくてもめること。しんどいニュアンスが伝わってくる。

いろいろと〜があったけど、もうきれいに片付いた。

前後《ぜんご》する

「前後する」というと、先に言うべきことをあとに、あとに言うべきことを先にすることをいう。

話が前後しちゃったけど、最近身体の調子はどう？

「車が前後して到着した」というときは、相次いで到着したという意味。「前後不《ぜんごふ》覚《かく》」は、強く頭を打ったり酒を飲み過ぎたりして前後の区別がつかなくなること。「後先《あとさき》が逆《ぎゃく》になる」は「前後する」と同じような意味。「先にご挨拶すべきでしたのに、慌てていたものですから、後先が逆になってしまい失礼しました」のように使う。

掌《たなごころ》を返《かえ》したように

掌《たなごころ》をくるっと回転するだけで上下が入れ替わる。そんなに簡単に態度や心を変えることをいう。

会社の業績が悪くなると、～人が寄りつかなくなった。

唾《つば》をつける

あらかじめ権利を主張して他人が介入する可能性を断つこと。唾とは単刀直入である。

あの土地は大手不動産屋がすでに唾をつけているようだ。

どういう風《かぜ》の吹《ふ》き回《まわ》し

どういう理由でこうなったのか、というニュアンス。ちょっとした風の変化で運ばれてきた「気紛れ」な感じを出している。

あいつがふらっと顔を出した。一体〜だろうか。

「風」を使った表現はいろいろある。「どこ吹《ふ》く風《かぜ》」という言い方は「まるで関係ないという顔をする」の意味。「風向《かざむ》きが悪《わる》い」は「形勢が悪くなる」の意。「風《かぜ》の知《し》らせ」はどこからともなく伝わってきた噂。話の出どころをぼかす言い方でもある。

波風《なみかぜ》が立《た》つ

波と風が立つ、あるいは風で波が立つこと。もめごとが起きること。

二人の間に波風が立っても、仲裁する人が誰もいない。

なれの果《は》て

なり果てたところ。落ちぶれ果てた姿である。漢字では「成果」と書く。

マウンドのヒーローの〜が手錠姿では寂しすぎる。

濡《ぬ》れ衣《ぎぬ》を着《き》せる

無実なのに罪を負わせること。「濡《ぬ》れ衣《ごろも》」ともいう。

濡れ衣を着せられて自宅待機となった。

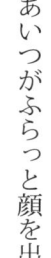

のべつ幕《まく》なし

芝居が終わって幕が下りて、次の芝居までが「幕間《まくあい》」である。その幕が下りないでずっと芝居が続く状態が「のべつ幕なし」。つまり、ひっきりなしに続く様子。

彼は～に人の悪口を言っているので、人望がない。

「のべつ暇《ひま》なし」ともいう。また「のべつ」だけでも「間を置かないで続くさま」「ひっきりなし」の意味がある。「幕」や「芝居」に関係した言葉では、ほかに「煙幕《えんまく》を張《は》る（はぐらかしてごまかす）」「ひと芝居《しばい》打《う》つ（うそを演じてだます）」などがある。

ピンからキリまで

ピンはポルトガル語pinta「点」で、カルタやサイコロの「一」のこと。キリは「切り」で「最後」のこと。最優秀から最低までの意。

素人の集まりなので、絵の出来は～ある。

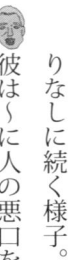

「ピンはね」は、上前《うわまえ》をはねる（六九ページ）こと。

袋叩《ふくろだた》きにあう

大人数に取り囲まれて、さんざんに打ち叩かれること。

太《ふと》く短《みじか》く

ある日本の大臣はアメリカのマイノリティーは字も読めないと発言して、日米の世論の袋叩きにあった。

人生の生き方。反対は「細く長く」になる。「太く長く」は難しそうである。

昔の東映やくざ映画には、〜生きる血気盛んな人間ばかりが登場した。

待《ま》ったなし

碁や将棋などで「待った」を繰り返すと興醒《ざ》めするので、最初にこう取り決める。あるいは、相手のしかけるのが速くて、待ったをかける時間もない、の意味。

〜の勝負でいこう。

国境線のいざこざから、〜の状況に突入した。

待《ま》てど暮《く》らせど

「待って日を暮らすけれども」つまり、いくら待っても、の意味。

犯罪者は犯行現場に戻るというが、～姿を現さなかった。

同じような言葉がほかにもある。「明《あ》けても暮《く》れても」は毎日という意味。「寝《ね》ても覚《さ》めても」は思いの強さを強調している。「夜《よ》を日《ひ》に継《つ》いで」は文学的。

真綿《まわた》で首《くび》を締《し》める

わざわざ柔らかい綿を凶器にするのだからサディスティックである。遠回しにじわじわと責めたり痛めつけたりすること。

銀行は融資を段階的に絞ってきた。～ようなやり方だ。

右《みぎ》から左《ひだり》

調べもしないで通したり、渡したりすること。

課長は目の前の書類を～へと処理した。

諸手《もろて》を挙《あ》げる

諸手は両手のこと。大賛成の意味。

委員会で議案に諸手を挙げて賛成した。

クリスマスの賛美歌に「諸人《もろびと》こぞりて」という歌詞があるが、すべての人が一緒に、の意味。

ろくすっぽ

ものごとの程度が十分でないこと。陸すっぽ、と書く。「すっぽ」は「寸法」、あるいは「推量」から転じたものとされる。ろくそっぽ、ともいう。

彼は人の話を～聞こうともしない。

「ろくに」「ろくろく」も同じような意味。

3

あげくの果《は》て

「揚げ句・挙げ句」は連歌・俳諧の最後の七七の句のこと。転じて「終わり」の意。その終わりをさらに「果て」と強調したのが表題語。

友だちに借金をしまくって、～に行方をくらました。

最初の五七五は「発句《ほっく》」という。俳句のことである。

当《あ》たるを幸《さいわ》い

「手当たり次第」の意味。

武蔵《むさし》は～敵をなぎ倒した。

粗探《あらさが》し

粗、つまり欠点や弱点を探すこと。

あまり～が過ぎると、人の不興を買うことになるぞ。

言《い》い得《え》て妙《みょう》

「妙」には「不思議」のほかに「巧み」の意味もあり、表題語は後者。「上手い言い方である」の意味。

桜が急いで散るさまを「桜吹雪」とは～である。

「妙《みょう》ちきりん」はふつうとは違って変な感じをいう。

言《い》うに及《およ》ばず

言う必要もないが、といった意味。

横綱は、初日は～二日目も堂々の勝ちっぷりだ。

言《い》うに事欠《ことか》いて

「事欠く」は不足とか不自由の意味。表題語は「言うのに不自由して」で、言葉づかいを知らなくて不穏当なことを口走ること。

いざというとき

あいつ、〜わが家を見て「つましい生活ですね」と言いやがった。

一大事が発生したときが「いざというとき」である。

〜には、力を貸してください。

否《いや》が応《おう》でも

「是が非でも」と構造が一緒。イエスがノーとなるような理不尽なことになっても、つまり、必ず。

この仕事は〜やってもらわないと困る。

曰《いわ》く付《つ》き

「曰く」は「わけ」とか「事情」のこと。表題語は「いかがわしい前歴がある」の意味。

彼はここら辺では〜の人間として知られている。

あの店は〜の品物を扱っているらしい。

「すこぶる付《つ》きの美人《びじん》」という言い方もあるが、ほとんど死語。「すごい美人」をしゃれていった言葉。「曰《いわ》く言《い》いがたい」は「表現しにくい」の意。「彼の技術のすごさには、曰く言いがたいところがある」などと使う。

言《い》わずもがな

「もが」は願望を表す。「な」は感動の助詞。表題語は「言わなくてもいいのにな」の意味。また、「もちろん」の意味でも使う。

あいつは口が軽くて、～のことを言う。

マラソンは～、水泳もベテランである。

陰《いん》に陽《よう》に

あるときは密かに、あるときは公然と、という意味。

彼は孤児院の運営に～力になった。

似た言葉で「陰日向《かげひなた》なく」は「裏も表もなく」の意味。

有無《うむ》を言《い》わせない

有るとか無いとか言わせない、つまり言い分など聞かず、断固やること。

監督は選手に有無を言わせず苛酷なスケジュールを強いた。

えも言《い》われぬ

「えも言わず」ともいう。言葉にできないほどいい、ということ。

ベランダの花から～香りが漂ってきた。

お為《ため》ごかし

「お為」は「人のため」で、「ごかし」は「口実をもうけて利益を図ること」。つまり表面は相手のためにするように見せかけて、その実は自分が利益を図ること。

状況が悪くなるとすぐ逃げ出すのはわかってるんだから、～はやめてくれ。

語《かた》るに落《お》ちる

「問うに落ちず語るに落ちる」という成句から。質問されているときは警戒しているので本音は言わないが、自分で話し出すと得意なことや秘密をついしゃべってしまうものである。

彼のマージャン好きは有名で、取調室でもその話になって、つい数人の政治家の名前を出したらしい。～とはこのことだね。

ご多分《たぶん》に漏《も》れず

ご多分は多数派のこと。表題語は「いつもどおり」「みんなと同じく」「例外なく」の意味。

今年のペナントレースも～大混戦となった。

「もれなく」は「みんな、全部」の意味。

これ見《み》よがし

「これを見ろと無理やり見せる」感じ。

最近の若いやつは人前でも、〜にいちゃついている。

「聞《き》こえよがし」は「無理やり聞かせる」感じ。「彼は聞こえよがしに悪口を言った」のように使う。

ざっくり言《い》って

大雑把に言って、の意味。

彼の判断は〜ほぼ間違いがない。

十指《じっし》に余《あま》る

一〇以上という意味。一〇本の指を使って計算してもまだ数が余っているということ。

運動会で、彼は入賞が〜ほどの活躍だった。

処置《しょち》なし

打つ手なし、ということ。

彼の贈賄は調べがつかず、〜ということになった。

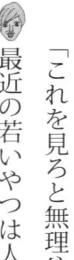

大《だい》なり小《しょう》なり

「大きいのも小さいのも」の意味。

こないだの冷害で東北地方はどこも〜被害を受けた。

為《ため》にする

下心や狙いがあってやること。

老齢で判断が鈍るなどというのは〜見方で、私はまだ社長職を続けるつもりだ。

出《で》るところへ出《で》る

脅し文句で使う。どこへ出るかというと、公的なしかるべき筋のところ、ときに警察のこともあれば、組織の上位者ということもある。

出るところへ出て、白黒をはっきりさせようじゃないか。

とは名《な》ばかり

外見や評判だけで中身が伴わないこと。

大会社のエリートビジネスマン〜で、社内では鼻つまみ者になって外に出された。

無《な》きにしも非《あら》ず
無いわけでもない、の意味。

彼が復帰する可能性は～である。

何《なに》をか言《い》わんや
「何を言うことがあろう、いや何もない」と匙を投げるニュアンス。

あそこまで勝手をやられると、～である。

にっちもさっちも
漢字で「二進も三進も」になる。もとは算盤用語らしく、転じてお金の融通のきかないことを、さらに身動きが取れないことをいう。

あちこちとお金の工面をしたが、とうとう～行かなくなった。

似《に》て非《ひ》なるもの
似ているが違うもの。

日本の資本主義は欧米のそれとは～といわれている。

平《ひら》たく言《い》えば
やさしく言えば、という意味。

～、彼と彼女は別れたってこと。
「欲《よく》を言《い》えば」は、「望むことがあるとすれば」の意。

もしものこと

「もしものこと」とは便利な言葉である。危ないことや不測の事態や、あれやこれやひっくるめている。

～があったらどうするつもりだ。

ものは相談《そうだん》

改まって話をするニュアンスがある。

～なんだが、君の強力なバックアップが欲しいんだ。

「ものは試《ため》し」という言い方もある。「ものは試しで一度はチャレンジしてみてはどうか」のように使う。「ものにする（自分のものにする）」「ものの弾《はず》み（ちょっとしたきっかけ）」などもある。

やまやまだが

ぜひしたいと思っているが、実際にはそうできないときにいう。また「やまやま」を「せいぜい」という意味で使うこともある。

手を貸してほしいのは～、あんたも忙しいのは承知している。

彼の実力では、そのあたりがやまやまだろう。

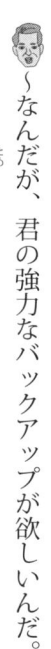

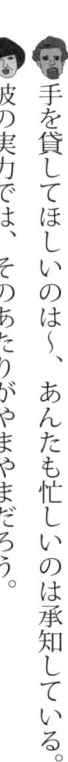

山には「鉱山」の意味もある。鉱脈を当てるとひと財産ができることから、「ひ

と山当《やまあ》てる」「山《やま》を張《は》る」「山《やま》をかける」など、いずれも万一の成功を狙って賭けに出る表現がある。「山場《やまば》」はクライマックスのこと。また食べ物屋、居酒屋で「ヤマ」といえば、売り切れのこと。

世《よ》が世《よ》なら

恨みがましい言葉である。かつて権勢を誇った時代があって、その時代であれば状況は違っただろう、というのである。

かつては酔うと、〜武士だ、伯爵だと言い出す人間がよくいた。

4

頭《あたま》を悩《なや》ませている

悩んでいる、を言い換えただけである。

デパートは歳末商戦の呼び物を何にするかで〜。

一枚岩《いちまいいわ》

大きな岩で、まるで一枚の板のように裂け目のないもの。つまり団結力のある状態をいう。

今回の党首選びで、あれほど〜を誇った政党に亀裂が走った。

落《お》としどころ

意見を戦わせて案を練り上げるのではなく、最初から妥協点を用意して、そこに落ち着かせるために時間を使う政治家や官僚の手法。大概は〝骨抜き〟になる。

政府の委員会は〜が事前に決まっていて、会議は既成事実として使われるだけだ。

織《お》り込《こ》みずみ

すでにあることを条件として組み入れて始動していること。

今回の予算に盛られた減税措置は、株式市場ではすでに〜なので、別段影響はなかった。

反対運動は当然あるものとして〜で、以後の融和をどう進めるかが焦点になる。

温度《おんど》差《さ》がある

政治関連のニュースで使われることが多い。「基本は同じだが微妙な差がある」といったニュアンスである。

専務と部長では新規事業の取り組み方で〜。

外圧《がいあつ》に弱《よわ》い

「外圧」は「ソトからの政治的圧力」をひと言で表す言葉。表題語はそれに弱いということ。とかくソト（とくに米国）からの政治的圧力に弱い、というのが日本の評判。例文のように応用もできる。

やっこさん、〜からな。

確信犯《かくしんはん》

「ありゃあ確信犯だな」のような言い方をする。この言葉は「そうは見えないけれど、十分に自覚してやっている」といったときに使う。

酔った勢いで言っているようだけど、あれ〜だぞ。

キャスティングボートを握《にぎ》る

キャスティングボート（casting vote）は可否同数の場合の議長裁決をいうが、「勝ち負けのカギを握る」意味で使っている。

経営積極派と慎重派の確執で、中間派が〜事態となった。

草刈場《くさかりば》

実質的な争いはすでに終わっていて、あとは互いに手に入れるものは手に入れて終わりというときに使う。

景況感《けいきょうかん》

選挙では西地区が両候補者の～になりそうだ。

景気がいいか不況か、つまりは景気のことである。

アメリカの利上げを見て、市場は～が悪くなると考えたようだ。

守旧派《しゅきゅうは》

選挙制度の改正で、小選挙区を主張する〝改革派〟の政治家がもとの中選挙区で十分だと考える人たちに〝守旧派〟のレッテルを張った。「古い考えのやつは悪いやつ」というニュアンスが濃厚。

彼は～に見えて、けっこう頭が柔らかい。

粛粛《しゅくしゅく》と

「ひっそり静か」とか「厳かで引き締まった感じで」という意味。政治家はやたらこの言葉が好きなようである。

法案の成立を目指して審議を～進めたい。

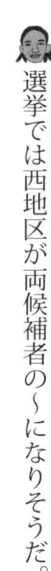

消息筋《しょうそくすじ》

事情を知っている人のこと。ジャーナリスト池上彰《いけがみあきら》氏によれば、消息筋といえば、たいてい本人のことらしい。

～によれば日朝会談は見送られる公算大だ。

ちなみに、政府首脳は内閣官房長官、自民党首脳は自民党幹事長らしい。

瀬《せ》踏《ぶ》み

川を渡るのに瀬に足をおそるおそる入れて深さを見ることから、ものごとを実行に移す前にまず試してみること。

合併話は～の段階を過ぎて、いつ実行に移されるかの状況だ。

「瀬取《せど》り」は親船の荷を小船に移し替えること。北朝鮮が禁輸対象の石油をこの方法で中国船から得ていると話題になった。古本の転売で利益を得るのは同音で「競取《せど》り、糶取《せど》り」と書く。

ときの声《こえ》を上《あ》げる

「とき」は「鬨」で、戦いに勝って上げるエイエイオーの声である。

明治大学ラグビー部は早稲田大学に勝ってときの声を上げた。

値《ね》頃感《ごろかん》

「値頃」は買うのにちょうどいい値段という意味。考えてみればいい加減な言葉だが、ニュアンスはよくわかる。好景気のときは多少高くても値頃感があるし、不況では割安のほうが値頃感がある。つまり相対的な価値観を前提にしている言葉なのである。

価格に～が出てきたのか、住宅需要は前月比で数パーセント高まっている。

「手頃《てごろ》」は「ほどよい大きさ」ということ。「この机の大きさ、値段、息子に手頃なところかもしれない」「コンパクトで持ち運びにもよさそうだ。手頃な感じだね」などと使う。

人寄《ひとよ》せパンダ

中身なしで人気だけ、というニュアンス。

パンダに失礼な言い方である。

～でも人が集まってくれるのだからありがたい。

「客寄《きゃくよ》せパンダ」も同じ意味。

不快《ふかい》な思《おも》いをさせたとすれば

明らかに不快な思いをさせているのに、仮定法で責任逃れをする。口の悪い政治家の間で大流行である。なぜ「不快な思いをさせて申し訳ない」と言えないのだろう。

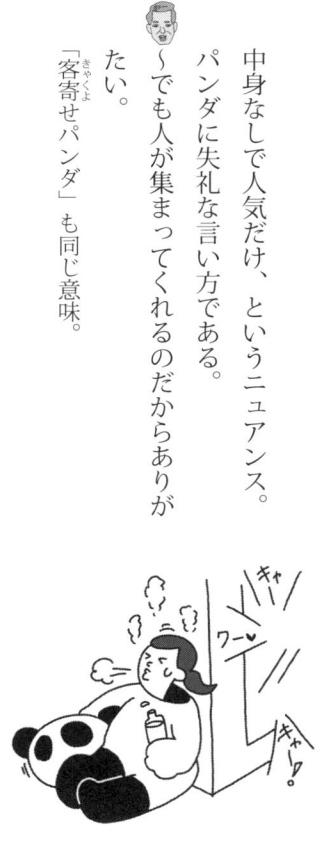

包囲網《ほういもう》

先の発言で～誠に遺憾である。

太平洋戦争でＡＢＣＤ（アメリカ、イギリス、中国、オランダ）包囲網というのがあったが、マスコミあたりでいまだに使われている言葉である。国や人などの動きを封じるために、組織的に周りを取り囲むこと。例文のように使うと、なんとなく〝わかったような雰囲気〟が出る。

専務も年貢の納めどきだね。あのプロジェクトの失敗以来、完全に～が敷かれたからね。

泡沫候補《ほうまつこうほ》

身も蓋もない言い方である。泡と消えるような、当選の可能性がとても低い候補者のこと。

いくら～と言われようと、最後まで戦い抜く所存です。

ボタンの掛《か》け違《ちが》い

思惑が違ってあとでぎくしゃくすること。

Ａ党とＢ党は～から、合併案作成までには意外に時間がかかりそうだ。

丸呑《まるの》み

すべて了解してしまうこと。

重要法案なのに、意見の違いを擦り合わせしないで、相手の言うことを～してしまった。

右肩上《みぎかたあ》がり

折れ線グラフなどにしたとき、右上がりの形になることから、あとになるほど数値が大きくなること。

彼の会社、業績が～で伸びているらしい。

民度《みんど》（が低《ひく》い）

「民度」は国民、住民の貧富や文明の進歩の程度。昨今の使い方は、後半の「開明の程度」に重点がある。いわゆるcivilizationの度合いである。

政治家のレベルが低いのは結局、国民の～が低いからである。

ゴミひとつない町並みは～の高さの表れである。

様子見《ようすみ》である

相手の出方を見ている感じである。

予算案が通るかどうかは～。

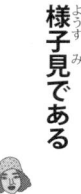

予《よ》断《だん》を許《ゆる》さない

勝手な臆測を許さない、という意味。

かなり野党が追い上げて、政権維持ができるか〜状況となった。

喜《よろこ》びもひとしお

「ひとしお」は「一入」と書く。喜びも格別、という感じである。

彼はやっと子宝に恵まれて〜である。

5

アーカイブ

公文書などの記録の保管所。

図書館はいわば「知の〜」である。

アイデンティティ

わかったようでいてわからない言葉である。綴りは identity。意味は「自分が自分であること」で、〝アイデンティティの危機〟というと〝自分が本来の自分でいられなくなる（精神的な）危機〟といった意味になる。ＩＤカードのＩＤは identity の略で、身分証明書のこと。

経済ばかり突出して、日本の〜はどこに行ってしまったのか。

会社も成長すると〜が揺らいでくる。
そんなことを言って、君の〜はどこにあるんだ。

アウトソーシング

外部委託、外注の意味。

うちも事務省力化のため積極的に〜を進めよう。

アウフヘーベン

「止揚」と訳されるドイツ語。矛盾するものをさらに高いレベルで統一すること。ヘーゲル哲学から。かなり古い語感がする。

青年はすべからく出世と愛を〜する必要がある。

アカウンタビリティ

「説明責任」のこと。アメリカ式の経営が入ってくることで、これらの関連語も入ってきた。

企業で不祥事が起きたときに〜がとても重要になる。

アクセス

接近すること、また交通の便という意味。ネットワークやシステムに接続することもいう。「アクセスする」とか「アクセスがいい」という使い方をする。

テレビに取り上げられると、ブログの〜数が違う。

〜のいいハブ空港が日本以外のアジア諸国にできた。

アクチュアル

実際の、現実の、という意味。

それはそれとして〜に受け止めていかなくちゃと思っている。

アグレッシブ

積極的、攻撃的、の意味。

チームは〜に攻めて勝ちをもぎ取った。

アドバルーンを上《あ》げる

最近は見かけなくなったが、「アドバルーン」は広告宣伝のための気球で、遠目によく見える。転じて「目標を掲げる」の意味で使う。

あの政治家は政局が混迷の度を深めると、上手くアドバルーンを上げて、自分の欲する方向へ流れを作る才に長《た》けている。

アプリケーション

application「応用・適用」のこと。コンピュータの世界ではアプリケーション・ソフトの略で、さらに短縮してアプリという。

プログラミング講座に行って、アプリを作ってみた。

イニシアティブ

主導権のこと。

今回の政変で彼が完全に〜を握った。

インフラ

いつの間にか現れて、急速に広がった言葉である。もとはinfrastructure（インフラストラクチャー）で、「下部構造」「社会基盤」の意味。道路や下水道などの社会資本のこと。

高速道路などの〜の寿命が近づいているので、再整備が必要だ。

ガジェット

ちょっとした道具、仕掛けのこと。スマートフォンの画面の時計とか天気予報などの小さなソフトのこと。

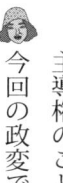

いつの間にか待ち受け画面が〜でいっぱいになった。

カリカチュア

「カリカチュアライズ」という言い方をすることがあるが、これは英語のcaricatureに接尾語のizeを付けた和製の造語。「戯画化する」「風刺的に描く」こと。表題語は、戯画や風刺画のこと。

人物の〜を描くには、特徴をズバッとつかむ巧みさが必要である。

キー コンセプト

単純に「鍵となる考え方」のこと。

君のその計画、〜は何？

クオリティ

「質・品質」の意味。盛んに使われているのは、中身勝負のソフト化時代だからか。

医療もただ治すだけじゃなくて、〜が求められる時代になった。

コード

本来は「符号」とか「倫理規定」の意味だが、「意味の系列化・まとまり」といった使い方をする。たとえばコロッケは「じゃがいも料理」にコード化することもできるし、「揚げ物」にコード化することもできる。

つまり、分類・類別といったことである。

コーポレートガバナンス

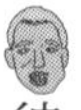
彼の奇矯な振る舞いは～化できない。

企業統治のこと。適正な経営の監視・統制のため社外取締役を置くことなどが求められる。

同族社長の専横を許して、～の在り方が問われている。

コストパフォーマンス

コストパフォーマンスには「費用対効果」という和風の言い方もある。「投資した費用とその効果を対比させたもの」という意味。コスパと略すこともある。少ない費用で効果が大きいと「コスパがいい」、たくさんの費用で効果が少ないと「コスパが悪い」。

この車、安い割によく走るの。～がすごくいい。

アメリカの第三五代大統領、J・F・ケネディが、ベトナム（戦争）対策で国防長官に任命したロバート・マクナマラの編み出した理論といわれる。彼はかつて若きフォード・モーター社長としてコストを上げずに車の性能を高め、ゼネラル・モーターズに追いついた。その実績が買われた登用だった。

コミットメント

日産元社長兼最高経営責任者カルロス・ゴーンが言い出して認知されるようになった言葉。目標達成のための強い約束、のような意味。

あなたの言葉は～するにしては弱い。

以前から「コミットする」という言い方があった。それは「関与する」ぐらいの意味。

コンクリート

ちょっと気取った言い方だが、たまに耳にすることもあるので、知っておいて損はない。「確か」というニュアンスで使われている。

その契約、～なんだろうな。

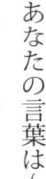

これは～な話なんだけど。

コンセンサス

「意見の一致」とか「合意」の意味で使われる。

深夜まで会議は続いたが、ついに～を得るには至らなかった。

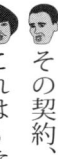

シビルミニマム

市民の生活環境に必要な最低限の基準。和製語で、昭和四三年の東京都中期計画で初出。

～のラインは、時代とともに移らざるをえない。

シュリンク

「縮む」、つまり勢いをなくし、小さくなること。

少子高齢化で町は～するばかりだ。

スキーム

「枠組み」「仕組み」のような意味。

彼が提出した再建案の～は経費面から到底受け入れられない。

ストックとフロー

経済でストックは土地・住宅などの実物資産、フローは株式・債券などの金融資産のこと。日本はしばらく前からストック型の経済に入ったといわれる（野口悠紀雄《のぐちゆきお》『ストック経済を考える』）。

経済は～で考えるのが基本である。

スパイラル

「螺旋《らせん》」のこと。スパイラルノートというと、螺旋状の針金で綴《と》じたノートのこと。

専門家の間では景気循環は「負の～に入った」という意見が多い。

セグメント

segmentは「部分」とか「分節」の意味。分節化、つまり分けることである。

問題をあまり～化しすぎると、大きな共通項が見えてこない。

ソリューション

問題解決の手段。

わが社のテクノロジーが確かな～を提供します。

タスクフォース

元軍隊用語で「機動部隊」のこと。一般には緊急性の高い特別作業班のような意味で使う。

赤字解消に向け社内～を立ち上げた。

ダブルスタンダード

直訳すると二重基準。ひとつのことにふたつの基準が存在すること。

宗教とビジネスという～が彼の中に矛盾なく場所を占めている。

ダブルバインド

訳すと「二重拘束」ということになる。用例を挙げると、「私の命令に従うな」。命令に従うなという命令は、ありうるのだろうか。評論家の柄谷行人《からたにこうじん》は母親が子どもに処罰を与えながら、「これを処罰と思うな」と言う例も挙げているが、母と子の心理的な関係によっては、処罰を処罰ととらない子がいる可能性がある。

進むも戻るもできないなんて、～ですね。
「抜《ぬ》き差《さ》しならない」はまさにダブルバインド状況である。日常はダブルバインドな状況がいっぱいあるので、けっこう使える言葉である。

ディスクロージャー

「ディスクロージャーする」という使い方で「開示する」の意味である。一般の人が経営内容を知るのに必要な情報を開示する制度が disclosure system である。

情報は～するほどに利用価値が上がっていく性質がある。

テキスト

テキストはコンピュータ用語では図形などを除いたデータを指している。小説・詩・漫画など表現されたものを総称して、テキストと呼ぶこともある。

漫画の『サザエさん』を~として読んでみよう。

ドア・トゥ・ドア

ある場所の戸口を出てから目的の戸口までの所要時間。また依頼主の戸口に品物を引き取りにいき、送り先の戸口まで届けること。

そちらへはうちから電車を使って~で3時間で行けます。

トリガー

もともとは「銃の引き金」のことで、ものごとをスタートさせるきっかけ、命令のこと。

白人警官による黒人少年への殴打が暴動の~となった。

トリレンマ

三者択一を迫られて窮地に追い込まれること。

彼は女性三人に言い寄られて~の状況にある。

「ジレンマ」は相反するふたつの事柄に板挟みになる状況。

バーチャル

仮想的とか疑似的の意味。

仮想現実、つまり～リアリティが取り沙汰されることが多くなった。

英語のvirtualには「実質上の」「事実上の」の意味もある。

バイアス

「偏向」「偏見」という意味。

テレビ放送には常に許認可権をもつ政府の～がかかっている。

裁縫でバイアスといえばバイアステープのこと。幅二センチメートルほどの斜めに裁った布で洋服の裁ち目や襟ぐり、袖ぐりを縫い包むのに使う。

パラダイムの変換《へんかん》

paradigm「パラダイム」はアメリカの科学史家のT・クーンが『科学革命の構造』で着目したもので、ある時代に支配的な科学（認識や思想・価値観など）が変化する場合、「概念の枠組み（パラダイム）が変わる」必要があると考えた。

滅私奉公から能力主義への移行には～が必要である。

パラドックス

「逆説」である。
永遠の～は、美女は冴えない男と結婚するということである。

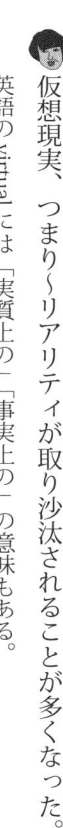

パラドックスで有名なのは「ゼノンの逆説」である。ゼノンは紀元前五世紀頃のエレア学派を代表した学者で、「アキレスは亀に追いつけない」「飛ぶ矢は静止している」などの説を掲げた。たとえば前者の逆説、アキレスは亀との距離を半分に縮め、さらに半分に、さらに……と距離を縮めるが、絶対にゼロにはならないというものである。この「逆説」、いまだに解かれていないというのだが——。

パラレル

parallelで「平行」「並行」「並列」の意味。「同時に」というニュアンスである。

それとこれとは~に論じられる問題ではない。

バランスシートが合《あ》っている

バランスシートは「貸借対照表」のこと。柔らかくいうと、「帳尻が合っている」といったニュアンスである。

彼は抜け目がないから、バランスシートは合っているはずだ。

フットワークがいい

「腰が軽い」という意味。

彼は~から、上司の評価がいいんだ。

もう根回しがすんだの？　~ね。

「フットワーク」は、ボクシングの試合中継などで「今日のチャンピオンは調子がいいのか、フットワークが非常にいい」のようにもよく聞く言葉である。

フレームワーク

「骨組み」「枠組み」といった意味。

~ばかり急いでも、実質が追いつかないのでは意味がない。

プレゼンス

「存在」だが、「存在価値」のような意味で使われる。

うちの課における君の~にはかけがえのないものがある。

プロトコル

protocol「議定書」「外交儀礼」と訳すが、後者で使われることが多い。交流する両者の間に成立する慣習のこと。

男女の間にある~のひとつが、男からの積極的求愛である。

プロパー

「販促プロパー」のような言い方をする。「専門」ということである。医者や病院に新薬の説明販売をする営業マンをとくに「プロパーさん」という。

あの人は営業〜の道を歩んできた。

マクロ

macroscopic の略。「巨視的」の意味である。マクロ経済は macroscopic economics である。反対の「微視的」は microscopic で、英語はミクロではなくマイクロと読む。

〜では見えない部分に、じつは明日の芽が潜んでいる。

ユーティリティ

有用、有益の意味である。

気取って〜と言わなくても、有用という日本語があるのにね。

ユーティリティルームというと、住宅でアイロンがけ、洗濯などがまとめてできる設備を備えた部屋。サッカーなどのチームスポーツでユーティリティプレイヤーというと、複数のポジションをこなせる人のこと。ゴルフでユーティリティというと、アイアンとフェアウェイウッドの中間のクラブのこと。

ランニング

これは別にマラソンのことではなく、「まだ正式ではない」という意味。

「進行中」のような意味も。

まだ～なので、細かいところまで詰めていません。

ロイヤルティ／ロイヤリティ

loyaltyは「忠誠」で「企業ロイヤル（リ）ティが足りない」のような使い方をする。royaltyは「王族」「気高さ」「特許権使用料」などの意味。用例は「忠誠」の意味で使っている。

会社側も能力給の導入などで、社員に以前のような～を求めなくなった。

ワークショップ

あるテーマで多くの人が参加し、共同作業で完成させていくこと。もともとは町づくりのやり方のひとつで、多種多様な意見をぶつけて計画づくりをすることで、合意形成を図っていくやり方である。

新しい美術館の呼び物は多彩な～で、参加型美術館がうたい文句である。

ワーク・ライフ・バランス

仕事と生活あるいは暮らしのバランスをどう保つかということ。近年、働く人の課題になりつつある。

会社の厚生課から～の講座に出るように言われた。

間にひと段落挟んで衝撃を弱めることをいう。

ワンクッション置《お》く

彼はいま、すごい怒りようだ。ワンクッション置いて接触するほうが賢明だ。

マナーを扱う本では、会話では〝クッション言葉〟が大事と説いている。自分の意見をストレートに言う前に「おっしゃるとおりです」「ええ、よくわかります」などとひとこと挟むと角が立たないというわけである。

6

関数《かんすう》

意味は「相関」というところ。

日本経済は中国に抜かれ、下からインドに追われ、新しい船出ができるかは、イノベーション力との～だと思う。

記号《きごう》

「構造」「現象」「制度」「物語」、いずれもふつうの使い方と様子が違ってきているが、この言葉も同じである。哲学者の中村雄二郎《なかむらゆうじろう》はこの語を

「現代の術語中の術語」と呼ぶ。彼によれば、レインコートは「直接には雨を防ぐ働きを示す記号」であり、同時に「その使用は天候を表す記号ともなる」し、「さらにそれが英国製のバーバリーであれば、着用者のステータス・シンボルにもなりうる」といっている。我々は記号の網の目を織りなして生きていることになる。もうひとつ、我々はモノを買っているのではなく、記号を買っているという考え方もある。つまりそれが「ルイ・ヴィトン」だから買った可能性が大きい。あるいは、最新のデザインの車が発信する記号（速い、低燃費、環境にいい、など）を買っているのである。

現象《げんしょう》

言葉は～であるとしても、心に届いたとき、感情を震わせる力がある。

人が直接知覚できる、自然界、人間界のすべての出来事のこと。硬い言葉だが、よく使われている。

～としては、そう言えるね。

この例は、「表面的に見るとそうだけど、もっと深く見たら違うかもしれない」といったニュアンスになる。

構造《こうぞう》

ものごとには「表面からはうかがいしれない秩序だったものがある」というニュアンス。

日本社会の〝負の～〟を清算する時期だ。

精神医学者、土居《どい》健郎《たけお》の『「甘え」の構造』がベストセラーになったのが一九七一年。構造という言葉が一般に認知された最初と思われる。もちろんレヴィ＝ストロースなどの構造主義がもっと背景にある。「政官財、癒着の構造」や『〈信〉の構造』（吉本隆明《よしもとたかあき》の著作）などと使う。

制度《せいど》

「既成の価値観・システム」のような意味。

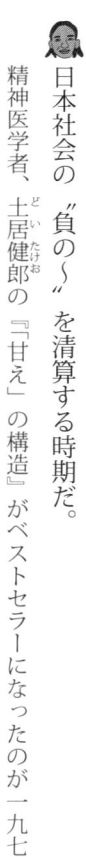

赤ん坊の笑顔が純粋なのは、いまだ～が入り込んでいないからだ。

「～としての身体」というと、日本人は挨拶のときに頭を下げるが、それも既成の価値観に従って身体が動いている、と考えるわけである。自分の身体ひとつも完全に無意味に（自由に？）動かすことができない。

装置《そうち》

「装置」は、スイッチを押すと順繰りに作動して、所期の目的を達成するようになっている。それと同じ感覚で、たとえば「教育にはいじめの装置が内蔵されている」というと、先生も親も子もいじめを引き起こす可能性をそれぞれもっていて、しかもちょっとしたきっかけさえあれば、いじめ的な行為が発動されると考えるのが、「装置」の中身である。それに、装置には、確実な結果を出す性能の確かさがある。

軍隊は平時でも暴力〜として機能しているのは明白だ。

（シンガポール航空の女性搭乗員の制服は）小さな都市国家のフラッグ・キャリアーをドル箱にした〜である（猪口孝《いのぐちたかし》『世界変動の見方』）。

担保《たんぽ》（する）

経済分野から出た言葉なのか、独特な響きをもった言葉である。「保証する」ぐらいの意味で使われているが、言葉が言葉だから厳格なニュアンスを帯びている。

問題の解決は、みんなの協力があって初めて〜される。

潤沢な資金が会の運営を〜してくれる。

文章ばかりではなく話す際にもこの言葉を使う人もいる。

文法《ぶんぽう》

英語でgrammer（グラマー）。言葉の連なりの仕組みをいう。それを拡大して、ものごとの中心となる考え方のこと。

材料はたくさん集まったが、それを読み解く～がなかなか見つからなかった。

文脈《ぶんみゃく》

文脈は文章のつながりや言葉のつながりを指す言葉だが、もっと広く「流れ」「つながり」「関連」などの意味で用いられる。

連合赤軍事件が戦後の～の中でもっている意味について考える。

その～からいくと、犯人は中国マフィアということになる。

物語《ものがたり》

これも独特な使い方をする言葉である。たとえば、恋物語といえば、ひとつのパターンとしては、親の反対を受けて一度は離れればなれになるが、強い絆で結ばれるといった〝物語〟を思い浮かべることができる。この世界はそういった既成の物語に満ちている。個人の独特な経験も、あとで振り返ればきれいに整理されて、よくありそうな物語に変形されるのが普通である。学校で習う歴史にしても、物語としてわかりやすく整理されたものである。

マザコンの増加は、母性の変化の～として読めそうだ。

読《よ》み替《か》え

なんということのない言葉だが、けっこう重宝に使われることの多い言葉。

冷戦が終わって、世界の勢力地図の～が必要である。

その問題は～が必要かもしれない。

読《よ》む

どういうわけか、ひところこの動詞を多方面に使うのが流行った。いまはそれほどの威力はないが、それでもまだ余命を保っている。「時代を読む」とか「流行語の深層を読む」などというと難しそうに聞こえるが、日本語には「裏を読む」「行間を読む」という言い方があって、もともと応用範囲が広く、流行の理由も読めるところである。

彼女の表情を～。

プロジェクトの敗因を～。

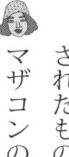

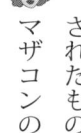

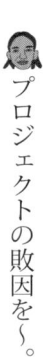

第三章 自分の気持ちを上手く言う

□■□　練習問題　□■□

□□がいい

縁起がいいこと。

答えは
157 ページ

味噌《みそ》も□も一緒《いっしょ》

価値のあるものとないものを一緒に扱うこと。

答えは
176 ページ

□寒貧《かんぴん》

とても貧しく何もないこと。

答えは
185 ページ

□が深《ふか》い

度量が大きいこと。

答えは
194 ページ

人《ひと》の□で相撲《すもう》をとる

他人のものを上手く使って自分の利益になることをする。

答えは
205 ページ

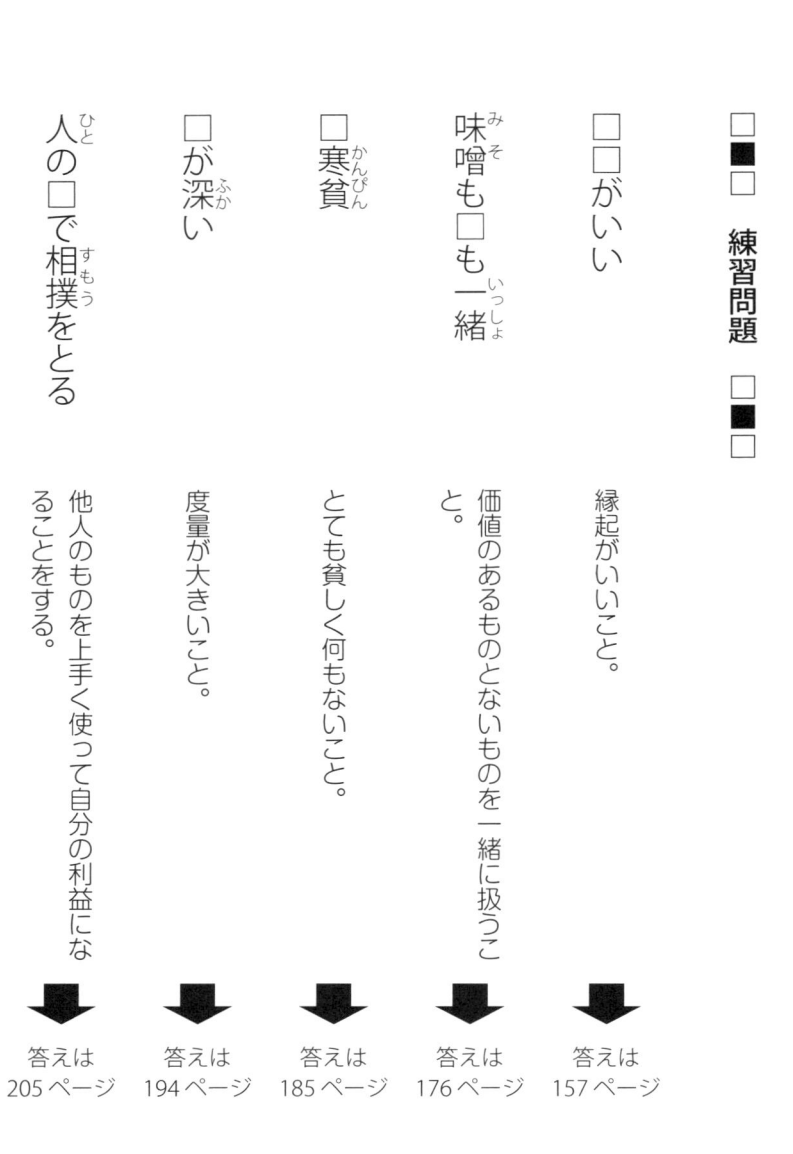

1

後《あと》を引《ひ》く

人間関係でごたごたが残る場合もいうが、食べ物がおいしくて、もうやめようと思いながらつい手が出るようなときにも使う。

このお漬け物、後を引いてつい手が出ちゃいますね。

絵《え》になる

絵の題材になるほど「すばらしい」とか「決まっている」の意味。

内海に夕日、遠景に富士が見えて、さすが〜。

こういう会では肝心な彼がいないと絵にならない。

お茶《ちゃ》の子《こ》さいさい

茶の子はお茶菓子のこと。あるいは、農家などで朝食前の仕事をするときなどの簡単な食事。「さいさい」は俗謡のはやし言葉。表題語は「すごく簡単」の意味。

急斜面の直滑降でも彼には〜である。

「朝飯前《あさめしまえ》」も同じ意味である。「腹《はら》が減《へ》っては戦《いくさ》ができぬ」というように、事をなす前に腹ごしらえをするのが常識。そんな準備もいらないほどに簡単ということ。

覚《おぼ》えがめでたい

「信頼される」とか「ひいきにされる」とかの意味。

彼は幹部の覚えがめでたかったので、出世が早かった。

折《お》り紙《がみ》を付《つ》ける

刀剣や美術品・技量などの鑑定書を「折り紙」という。保証付きということ。

彼の優秀さは折り紙付きである。

御《おん》の字《じ》

すばらしいとか好ましいの意味。転じて、「ありがたいとか」「しめたもの」という意味に。例文のひとつ目は「ありがたい」、ふたつ目は「しめたもの」。

こんなにしてもらって、まさに～です。

それだけできれば～さ。

株《かぶ》が上《あ》がる

評価が上がる、の意味。

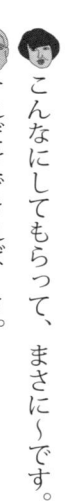

痒《かゆ》いところに手《て》が届《とど》く

ある件をきっかけに、ずっと下がりっぱなしだった父親の株が上がった。

背中の手の届かないところが痒くなると、人の手を借りたり、孫の手のような道具を使ったりする必要がある。「あっそこそこ」と指示して、ピタッと探り当てられると快感である。転じて、とても気が利くこと。

今度入った新人は、~タイプでとても助かる。

桁違《けたちが》い

甚だしいこと。「桁」は数の位のこと。

あの子の能力は~だ。

「桁外《けたはず》れ」も同じ意味。「あの子の潜在能力は桁外れである」のように使う。

げんがいい

「げん」は「験」と書く。前兆のことで、表題語は「縁起がいい」の意味。

朝早くにご無沙汰の知り合いから電話があって、今日は~気がした。

幸先《さいさき》がいい

「幸先」はよいことが起こる前兆、またものごとを行うときに何かを感じさせるきざし。それがいい、ということ。

今朝、電話ボックスで財布を拾った。なんと～ことか。

三拍子《さんびょうし》そろう

「三拍子」は小鼓・大鼓・太鼓など三種の楽器で拍子をとることをいう。その拍子がそろうと、見事である。転じて、すべての条件が備わるということ。

容姿、躾《しつけ》、教養と三拍子そろった人物はそういない。

地獄《じごく》で仏《ほとけ》

暗い状況でひと筋の光を見出したときに使う。

失意のどん底にいるときに彼が救いの手を差し伸べてくれた。まさに～に会ったような気持ちです。

下《した》にも置《お》かない

座敷で格下の者が座るのが下座。そこに置かない、つまり丁重に遇すること。

友だちの家に寄ったところ、～歓待ぶりだった。

衆目《しゅうもく》の一致《いっち》するところ

みんなが一致して認めるほど優れているということ。

彼が次期社長であることは、〜である。

「自他《じた》ともに許《ゆる》す」というのも同じような意味。

捨《す》てたものではない

そんなにいいものではないが、捨てるほどでもない。まだ役に立つ、ということ。

新聞の映画評は散々だったが、見たところそう〜という印象だ。

図星《ずぼし》である

的の中心の黒いところが図星。「察しのとおり」「当たりである」の意味。

生徒の腹痛をサボり癖と見たのは〜。

隅《すみ》に置《お》けない

馬鹿にできない、意外と実力がある、といった意味。

彼はあれでなかなか〜人物で、人脈の広さは部内一かもしれない。

太鼓判《たいこばん》を捺《お》す

証明のために太鼓のように大きなハンコを捺すことから、それだけ保証できるということ。

あの評論家が太鼓判を捺して世に出なかった作家はいない。

太刀《たち》打《う》ちできない

かなわない、勝負にならない。

アメリカの軍事力には、とても太刀打ちなどできない。

名《な》にし負《お》う

「名に負う」ともいう。世間の評判をもっている、つまり有名ということ。

ここが〜財団の巨大本殿である。

「名」を使った表現は多い。「名《な》を売《う》る（名前を世に広く知られるようにする）」「名《な》を立《た》てる（名声を世に広める）」「名《な》を上《あ》げる（有名になる）」「名《な》を捨《す》てて実《じつ》を取《と》る（名声などよりも実質的な利益を得ることを選ぶ）」「名《な》が通《とお》る（有名である）」など。「名《な》を留《とど》める」「名《な》を残《のこ》す」は「名を後世に残す」という意味。

非《ひ》の打《う》ちどころがない

ケチのつけようがない、完璧である。

さすが名人の作である、どこから見ても〜。

頬《ほ》っぺたが落《お》ちる

料理がおいしいことを表す。

このお刺身の新鮮なこと。頬っぺたがいまにも落ちそう。

勝《まさ》るとも劣《おと》らぬ

はっきり優勢ではないが、劣ることはない。互角、またはそれ以上。

子どもは前大会に～成績を残した。

まんざらでもない

「気に入っている」を遠回しにいうことで、微妙な心理であることも加味している。

縁談の話に息子が～顔をしていた。

右《みぎ》に出《で》る者《もの》がない

昔、中国では右を上席としたので、それを越える者がいないということ。

こと人事管理の精妙さでは彼の～。

水際立《みずぎわだ》つ（水際が立つ）

鮮やかに目立つこと。水面と地面の境は、水泡が立って白く見えて、目立つ。

彼のマジックは水際立った冴えを見せて観客を唸《うな》らせた。

身《み》に余《あま》る光栄《こうえい》

「とてもうれしい」というのを「身に余る」と表現していて、よく実感の出ている言葉。格式張った言い方。

そのお言葉、〜です。

胸《むね》のすく（ような）

この「すく」は「透く」や「空く」である。胸の中が空っぽになったような爽快感を表している。

若手社員の頑張りには〜思いがした。

目《め》からウロコが落《お》ちる

何かがきっかけとなって迷いから覚め、急にものごとがはっきり理解できるようになる。

日本は世界から孤立している島国ではなく、どことも海でつながった開かれた国である、という説には目からウロコが落ちた。

ものの数《かず》ではない

「ものの数」は数え立てるほど価値のあるもの、という意味。打ち消しの語とあわせて使って「大したことではない」の意味。

彼がキャプテンに就こうと、あんなチームは～。

同じような意味で「ものの数《かず》に入《はい》らない」という言い方もある。

呼《よ》び声《ごえ》が高《たか》い

黒澤《くろさわ》監督の新作は今年最高の作品との～。

評判・評価がいいこと。

2

灰《あ》汁《く》が強《つよ》い

「灰汁」は、植物や肉などの食品に含まれる渋みや苦みなどの成分のこと。また、植物の灰を水に入れてできる上澄みのこと。「灰汁が強い」は、「洗練されていない」「押しが強い」の意味。

顔を出した代理人というのが～のにはまいった。

「灰《あ》汁《く》が抜《ぬ》ける」は「さっぱりした」の意味。「つらい経験のためか、彼は灰汁が抜けたようになった」のように使う。

後味《あとあじ》が悪《わる》い

事は終わっているのに、心理的に嫌な感じが残っているときに使う。

犯人は挙がったが、～事件だった。

一応仲直りはしたけど、まだ～んだ。

いい気《き》なもの

自分一人で得意になったり自惚《うぬぼ》れたりすること。

あれで完璧だって言うんだから、ほんとに～さ。

いい面《つら》の皮《かわ》

つまらない目にあって馬鹿馬鹿しい、とんだ恥さらし、という意味。

あいつ、面接で馬鹿を言ったらしい。紹介した私が～だ。

大言壮語していたが、結局、失敗したらしい。～だよ。

「面《つら》」を使った表現では「面《つら》の皮《かわ》が厚《あつ》い（厚かましい）」「どの面下《つらさ》げて（恥ずかしげもなく、よくも平気で）」「吠《ほ》え面《づら》をかく（後悔する）」というのもある。

行《い》き当《あ》たりばったり

計画もなく進んで行き止まりになったらなったでいい、という気持ち。

最後の局面で～は通じない。確かな読みが必要だ。

居《い》ても立《た》ってもいられない

事のなりゆきが心配でしょうがないといった感じ。座っても落ち着かない、立っても同じで、ジレンマである。

手術が長引いて、〜。

後《うし》ろ髪《がみ》を引《ひ》かれる思《おも》い

まだ十分には未練を断ち切っていない心理状態をこう表現する。

〜で故郷を出てきた。

大《おお》きなお世話《せわ》

「おおきにお世話」「おおきにお世話、お茶でも上がれ」ともいう。親切も過ぎると迷惑だ、ということから、「要らぬ口を出すな」のニュアンス。「小さな親切大きなお世話」は忘れたくない言葉である。

ちょっと事情を知っているからといって〜だ。

似た言葉に「ありがた迷惑《めいわく》（人の親切や好意が、受ける人にかえって迷惑になること）」がある。

奥歯《おくば》にものが挟《はさ》まったような

はっきりしない、真実を隠したようなものの言い方である。奥歯にものが挟まると、こんなふうになるだろうか。

私にも真実を知る権利がある。〜言い方はやめてほしい。

逆に毒舌あるいは容赦のない言い方のことは「歯《は》に衣《きぬ》を着《き》せない」という。

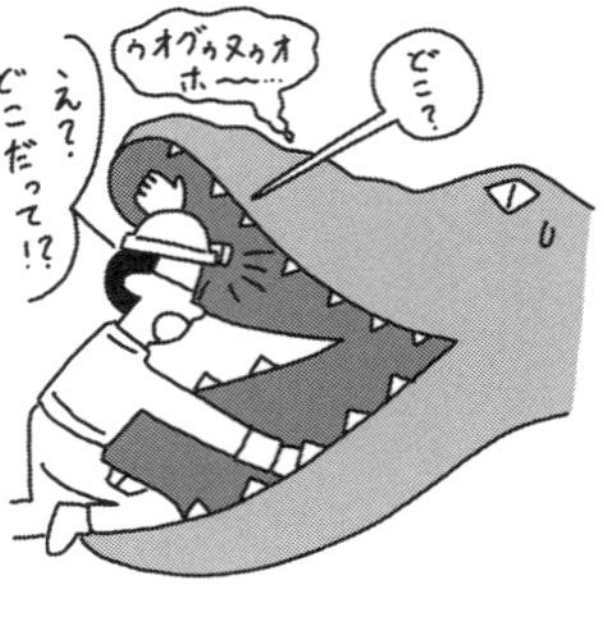

お寒《さむ》いかぎり

貧弱、未熟のことだが、こう丁寧に言われるほうがきつい。

有望企業といいながら、内実は〜である。

お釈迦《しゃか》になる

「役に立たなくなる」とか「壊れて使い物にならなくなる」ことをいう。

あの話は途中で横槍が入ってお釈迦になった。

似た意味で「おじゃんになる」がある。火事の鎮火のときに打つ半鐘の音から。意味は「ことが途中でダメになる」こと。

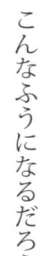

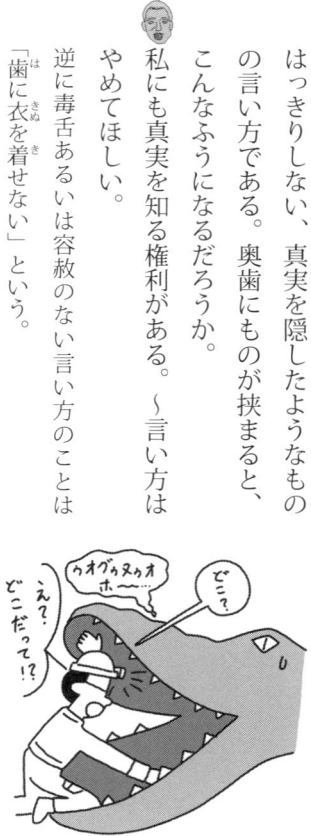

お世辞《せじ》にも〜ない

お世辞は、口先だけの褒め言葉。それすら言えないというけっこうきつい言葉だが、よく使われている。

今日の出来はお世辞にもいいとは言えない。

一昨日《おととい》おいで

「馬鹿を言うな」といった意味である。

あんた歯の浮くようなことばかり言ってるけど、〜ってとこだね。

詩人・小説家の室生《むろう》犀星《さいせい》に「昨日いらして下さい」という詩がある。

芳《かんば》しくない

状況は確かに「悪い」が、まだ決定的に悪いわけではない。もし決定的に悪いとしても認める気にはなれない、といった状態のときに使える言葉である。

戦況はここ二、三日あまり〜。

気《き》が気《き》でない

気は天地間を満たしているエネルギーのこと。それがいつもの調子ではない、心配だ、の意味。

明日が子どもの試験結果発表とあって、両親は〜。

「気」を使った言葉で「気《き》が置《お》けない相手《あいて》」というのがある。これは相手を信頼しているのか、その反対か。この「気」は警戒心のことで、それを置かないのだから信頼しているのである。

金魚《きんぎょ》のふん

昔の子どもは年長者のあとを何人もでぞろぞろと歩いていたものである。これこそ金魚のふん状態。つまり表題語は、ひとりの人に大勢がぞろぞろとついてまわる様子のこと。

営業の新人さんたち、今日もベテランの後ろを〜みたいに歩いてるね。

ぐうの音《ね》も出《で》ない

負かされたり押し込まれたりで「ぐう」という声すら出ない状態である。

将棋で〜ほどにやり込められた。

芸《げい》がない

「工夫、特色がない」の意味。

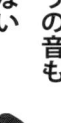

会議でいつものお題目を唱えるだけ。それじゃまったく〜。
「芸《げい》が細《こま》かい」は「やることにそつがない」「気配りができている」の意味。

胡椒《こしょう》が利《き》きすぎ

ものごとを評するのに辛辣なことをいう。

君の意見は〜て、逆に彼は意気消沈してしまった。
「鼻薬《はなぐすり》を利《き》かせる」は、賄賂を渡して便宜を図ってもらうこと。

子《こ》どもの使《つか》いじゃない

交渉や商談などで、人物にふさわしい対応がされないうえに格段に扱いが悪いときに、憤慨して使う。

木で鼻をくくったような返事だが、こっちも〜んだ！　ちゃんと責任のとれる人間を出してこい。

ざまはない

「ざま」は、様子を憎々しげにいう言葉。「なんてざまだ」「ざまあみろ（自分の惨めな様子を見ろ）」など。表題語は「弁解のしようがない」とか「明らかに失敗だ」をきつくいったもの。

口を酸っぱくして注意したのに、〜、先生に秘密がバレてしまった。

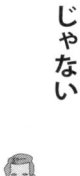

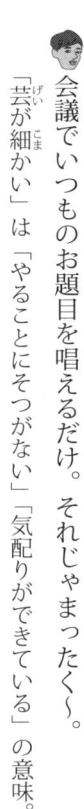

敷居《しきい》が高《たか》い

部屋の戸や障子・襖《ふすま》を開けたてするために敷いた、溝のついた横木が敷居。表題語は、なんとなく不義理が重なったり、格の違いから気後れしたりするのをいう。

あちらは大企業の部長さん、お訪ねするにも敷居が高すぎる。

一〇年早《じゅうねんはや》い

相手の未熟を諭す言葉。

お前が大きな顔するのは〜。

ぞっとしない

「ぞっと」は身の毛がよだつ感じだから、その反対ということでプラスイメージかと思いきや、これは「感心しない」の意味。

その服の組み合わせ、〜なあ。

立《た》つ瀬《せ》がない

瀬は川の流れが速く浅いところ。その瀬がないので、どこにも立つ場所がない。転じて、「こちらの面目が立たない」「こちらの立場がなくなる」の意味。

玉《たま》に瑕《きず》

共同責任のはずが、あそこまで言われると、まるで〜。

非の打ちどころがないほどなのに、ひとつだけ欠点があるのをいう。

彼は熱心なあまり公私の境を越えてしまうのが〜だ。

〜と言《い》えばうそになるが

おそらく心理的な〝照れ〟が、こういう言い回しをさせるのではないかと思われる。ひとつ目の例文は「いまは家庭第一ではないが、鋭意努力している」でいいはずなのに、どうしても余分なことを付け加えてしまう。ふたつ目の例文も「子どもはかわいい。しかし、そうストレートにいうと格好悪い」という心理があるから、こんな回りくどい言い方になるのである。

私は家庭第一〜、最近はなるべくそれを心がけようとしています。

自分の子どもがかわいくないと言えばうそになります。

年《とし》は争《あらそ》えない

年を取ると、容姿や身体の衰えには勝てない、ということ。若返りの薬が発明されないかぎり、この言葉は生き続ける。整形で顔はどうにかかなっても、身体がいうことを聞かない。年齢は争うものではなく従うもの、というのが東洋の智恵。

~ものね、あんな真っ黒だった髪に白髪が目立ってきちゃった。

「年《とし》には勝《か》てない」「年《とし》はごまかせない」など類似表現あり。

取《と》りつく島《しま》がない

岸辺に船を寄せようにも寄せる島がない。転じて、相手がそっけなくて交渉するきっかけがつかめないこと。

声をかけようとするとすっと席を立つので、まるで~。

似た意味で「けんもほろろ」がある。「けん」「ほろろ」ともキジの鳴き声らしいが、それでどうして「相手の頼みをそっけなく断る」意味になるのか。けんもほろろの言葉である。

鳴《な》かず飛《と》ばず

ぱっとしないことをいう。鳥が鳴きもしない、飛びもしないのでは存在感がない。

ひところの勢いを失って最近は~である。

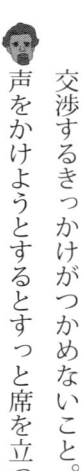

成《な》ってない

不完全、不十分、不徹底。

親から見れば子はいくつになっても〜ように見えるものだ。

似《に》たり寄《よ》ったり

優劣の差がないこと。

画一教育で〜の子どもしか育たない。

二《に》の句《く》が継《つ》げない

驚いたり気後れがして、次の言葉が出ないことをいう。和歌の朗詠で二の句に移るときに急に高音になるので、続けるのが難しいことからきた言葉という。

彼の馬鹿げた言い種《ぐさ》に〜。
似た言葉に「開《あ》いた口《くち》が塞《ふさ》がらない」がある。

二《に》番煎《ばんせん》じ

薬やお茶など一度煎じたものをもう一度煎じること。同じものでも二度目は味が落ちる。つまり真似して新味に欠けること。

学芸会の企画といってもほとんどは〜ばかりである。

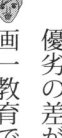

ぬるま湯《ゆ》に浸《つ》かる

誰でもぬるま湯から思い切って出るのは難しい。中にいる分には温かいが、外に出れば急に冷えるからである。そこを上手く表した言葉である。

彼はお坊ちゃん育ちで、長くぬるま湯に浸かってきたから、こういう厳しい試練にひとたまりもない。

馬鹿《ばか》もいい加減《かげん》にしろ

羽目を外すのもほどほどにしろ、と叱る言葉。

パチンコでそんなにすって！　馬鹿もいい加減にしないと、取り返しがつかないことになるよ。

「馬鹿《ばか》もほどほどにしろ」という言い方もある。

箸《はし》にも棒《ぼう》にもかからない

細い箸でも太い棒でも引っかからない、つまり取り扱いようがない。

二度とあんな～やつとは付き合うな。

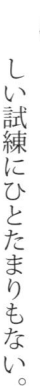

旗色《はたいろ》が悪《わる》い

「旗色」は戦いの形勢のこと。戦場で自軍の旗が多くはためいていれば勝勢、少なければ劣勢である。つまり表題語は劣勢である、という意味。

討論会で馬鹿なことを言ったので、どんどんこちらの旗色が悪くなった。

もちろん反対に「旗色がいい」という表現もある。

すごい表現である。いかにも怒っている感じが出ている。

腸《はらわた》が煮《に》えくり返《かえ》る

彼のひどい仕打ちには腸が煮えくり返った。

同じく怒りの表現で「堪忍袋《かんにんぶくろ》の緒《お》が切《き》れる」という言い方もある。忍耐を入れておく袋があって、それが怒りでいっぱいになって、縛っていたひもが切れたというわけ。そのほか、腹と怒りは縁が深く、「腹《はら》が立《た》つ」「腹《はら》の虫《むし》がおさまらない」「向《む》かっ腹《ぱら》を立《た》てる」「腹《はら》に据《す》えかねる」などがある。ちなみに、「痛《いた》くもない腹《はら》を探《さぐ》られる」は、根拠もなしに疑われること。「今度の件で、痛くもない腹を探られるのは嫌だ」のように使う。

左前《ひだりまえ》になる

本業が～と店の主人の様子も随分勢いがなくなった。

着物の前合わせは、右を下に左を上に着る。相手から見ると、右が手前になる。死者の合わせは、これと逆になる。つまり正面から見れば、「左前」になっている。ここから表題語は「家業が傾く」という意味。

踏《ふ》んだり蹴《け》ったり

これは自分が「踏んだり」「蹴ったり」するのではなく、されるのである。続けてひどい目にあうということ。

火事で焼け出された途端に地震にやられて、〜だ。

「泣《な》きっ面《つら》に蜂《はち》（二九九ページ）」や「弱《よわ》り目《め》にたたり目《め》」なども、二重にダメージをこうむる例である。

噴飯物《ふんぱんもの》

ご飯を噛んでいる最中にプッと吹き出すと、一面の惨状に目も当てられない。そんなふうに思わず吹き出すほど馬鹿らしいことを噴飯物という。

彼が人に説教するなんて〜だよ。まず自分の生活をきちんとすることだ。

水臭《みずくさ》い

水分が多くて味が薄い、つまり水っぽいこと。それを「水の匂いが強い（水臭い）」というところがすごい。転じて、よそよそしいこと。

随分お久しぶり。近所なのに〜じゃないですか。

味噌《みそ》も糞《くそ》も一緒《いっしょ》

価値のあるものとないものを一緒に扱うこと。音の遊びだが、リアルである。

いくら無礼講でも、その言い種《ぐさ》はない。～にしないでくれ。

味噌は朝鮮語から来たもの。「味噌《みそ》をつける」は、失敗するの意。

身《み》の程《ほど》を知《し》らない

自分の程度を知らない、という意味。

あんな口のきき方をして！　～失礼なやつだ。

身《み》も蓋《ふた》もない

まるで身ぐるみ剝がされた貝の心境だろうか。「身」は容器のこと。容器も蓋もないと、中はあからさまである。すなわち、露骨すぎて味わいのないこと。

世界は破滅に向かっているなんて～ことを言わないで。

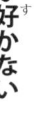

虫《むし》が好《す》かない

なんとなく気にくわないという意味。

あの講師、どうも～んだ。

「虫」を使った表現はけっこうある。「虫《むし》の居所《いどころ》が悪《わる》い（機嫌が悪く、ちょっとしたことですぐに怒る）」「虫《むし》が知《し》らせる（なんとなく予感がする）」「虫酸《むしず》が走《はし》る（すごく不快）」「虫《むし》がいい（自分の都合ばかり考えていて身勝手）」「苦虫《にがむし》を噛《か》み潰《つぶ》す（苦りきる）」など。体の中に虫がいて、それのせいでさまざまなことが起こると昔の人は考えたらしい。

目《め》の毒《どく》

見たい気持ちもあるが、ものがものだから見るのが憚《はばか》られるというニュアンス。全面的に見るべきではないといっているわけではない。あとに「気の毒ふぐの毒」と続けることもある。

お二人が仲がいいのは十分わかったよ。～だからしばらく座を外すかな。

目《め》を三角《さんかく》にする

怒りの表情は目に出るらしい。目を怒らす、という意味。それにしても、まるでマンガのような表現である。

警官が目を三角にして踏切無視の運転手を怒っている。

そのほか、目を使った怒りの表情としては「目《め》くじらを立《た》てる」「目《め》を剝《む》く」「目《め》を吊《つ》り上《あ》げる」などいろいろとある。また、「目《め》が点《てん》」という言い方をするが、これもマンガ的な言い方で、びっくりしている状態をいっている。

もっての外《ほか》

「予想外」とか「とんでもない」の意味。

こんな大事なときに内輪もめなど、~である。

元《もと》も子《こ》もない

元金と利子どちらもなく、大損である。台無しである。

そんなことをされては~。こっちにはこっちの思惑があったんだから。

悪足《わるあ》掻《が》き

窮状を脱しようとあれこれ手を打つが、かえって事態はまずくなる。アリ地獄に落ちた状態。

もう観念して~はやめたらどうか。

いかず後家《ごけ》

3

「いかず」はお嫁にいかないこと。「後家」は夫を亡くしたあと、再婚しないでいる女性（やもめ）のこと。つまり結婚しないでいれば、それは〝やもめ状態〟と同じわけで、「いかず後家」は結婚しないままある程度年を重ねた女性をいう。差別的なニュアンスがあるからか、最近、まったく耳にしなくなった。

結婚しない女性が増えているから、あえて言うならこれからは〜の時代だね。

生《い》き字《じ》引《び》き

勤続ウン十年、それも同じ職場で仕事を続けてきた人は、何を聞いても答えられる〝辞書〟みたいな人である。生きている辞書、すなわち「生き字引き」である。

総務の田中さんは部長の癖から趣味まで全部、知ってるらしい。なんせわが社の〜だからね。

うわばみ

うわばみはニシキヘビや「おろち」のような大きな蛇のこと。獲物をたくさん呑み込むことから、表題語は大酒飲みのこと。

あいつの飲み方は底なし、まるで〜だ。

お冠《かんむり》

目上の人間など、こちらが臆する気持ちの相手に対して、「怒っている」と評するときに使う。

遅刻の一件で、先生、〜らしいぞ。

おちゃめ

辞書には「茶目」で載っている。「茶目っ気がある」というと、「いたずら好きでかわいげがある」というニュアンス。語感としては、子どもがわざとふざけて笑いをとるようなことをすると「おちゃめ」といったが、大人に対して独特なニュアンスで使うこともある。その場合はからかい三分愛着七分くらいで使っていることが多い。

彼、いつも真面目な雰囲気なのに、カメラを向けるとおどけてくれるの。～よね。

かつて「おしゃま」などという言葉もあった。小さい子が背伸びをして大人っぽい言葉づかいや仕草をすると「おしゃま」といった。

おてんば

漢字で書くと「お転婆」。意味は、やや脱線気味の元気のいい女の子のこと。

うちの娘はもう二〇歳だというのに、まだまだ～で。

ちなみに「麻婆《マーボー》豆腐」は麻《マー》という婆さんが作った料理のこと。

男《おとこ》好《ず》きのする女《おんな》

「男をすぐに好きになる女」ではなくて、「男が好みそうな女」という意味だが、男が平均的に好きそうな女というのはいったいどんな女なのか。なんとなく肉感的な女性を指している言葉のようだ。ジェニファー・ローレンス、スカーレット・ヨハンソン？　真木《まき》よう子《こ》？

総務の林さんは〜といわれている。

鴨《かも》が葱《ねぎ》を背負《しょ》ってくる

「カモにする」「いいカモが来た」のカモは、賭けごとなどでまんまとハメられる人物。「カモる」という動詞もある。そのカモがネギまで背負って来る（略してカモネギ）のだから、すぐにでも鴨鍋が食べられる。つまり、非常に好都合である、ということ。

ライバル会社から転職してきた彼から、その会社の次の策を聞き出した。鴨が葱を背負ってきたような話だ。

借《か》りてきた猫《ねこ》

環境が変わって妙におとなしくなることをいう。猫が実際にそうなるのかは不明。

この子は急に黙っちゃって。まるで～みたいね。

辞書の『言海』では、猫は眠りが好きで寒さが嫌い、それに盗みの癖があるといっている。

狂言回《きょうげんまわ》し

芝居で主人公ではなく、場面の転換や話の進行に大きく関わる役どころ。そこから、表立たずにものごとの進行をつかさどる人のこと。意外とよく使われる言葉である。

今度の一件では彼が～の役を担ったおかげで、上手く事が運んだそうだ。

口《くち》が達者《たっしゃ》

言葉巧みに話すこと。

まあこの子は～なんだから。

口《くち》から先《さき》に生《う》まれた

やや非難がましい口調で言う言葉。日本はもともとは「男は黙って」の世界で、おしゃべりの評価は低い。

～ような人だから、あまり信用がおけない。

雲《くも》衝《つ》く

身長がとても高いことのたとえ。二メートルを超すと、こういいたくなる。

電車のドアから頭を斜めにして〜大男が入ってきた。

紅一点《こういってん》

多くの男の中に女が一人。漢詩「万緑叢《ばんりょくそう》中紅一点《ちゅうこういってん》（青葉の中に一輪の赤い花が咲いている）」から。このイメージはすごく鮮やかである。

昔は〜と騒がれた分野にも女性がどんどん進出している。

ちなみに、パーティーなどで一人壁際にいる女性のことは「壁《かべ》の花《はな》」という。

子《こ》どもがそのまま大《おお》きくなった

これは半ば呆れたような、半ば感心したような気持ちで言う言葉である。「子どものようだから大目に見よう」というニュアンスがある。

彼は〜ような人だから、それはそれとして見守っていくしかないね。

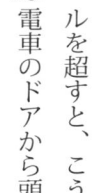

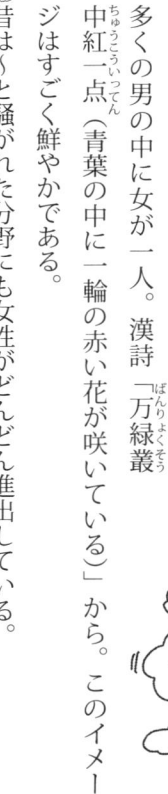

転《ころ》んでもただでは起《お》きない

転んだとしてもただ起きるのではなく、石でもつかんで（何かしらを得て）立ち上がるという、逆境での居直りをいった言葉。

あいつは～男と言われていたが、真価はこれから問われることになる。

素《す》寒貧《かんぴん》

とても貧しく何もないこと。当て字だが、素も寒も貧もいかにもという感じである。「すっかんぴん」とも読む。

ふだんから～だと言っていたが、部屋を覗《のぞ》くと言葉のままだった。

大食漢《たいしょくかん》

いわゆる〝大食い〟のことである。

彼女は小柄だけど大食いコンテスト一位の～である。

「健啖家《けんたんか》」も大食いのこと。美食家だが大食いのイメージが強いのが「グルマン」。「グルメ」は美食家、食通のこと。

竹《たけ》を割《わ》ったような性格《せいかく》

現代は竹を割るような経験は滅多にできないが、やってみればこの言葉がよくわかる。カツンと竹の頭に鉈《なた》をくわえさせて、竹の尻を台にカツンと当てるとすっと割れていく。そういうすっきりした性格をいう。

堂《どう》に入《い》る

彼は～で、みんなから愛されている。

堂は客をもてなす表座敷・表御殿《ごてん》のこと。堂に入ってもてなされる資格のあるのは、学問や技芸が高いレベルに達した人である。表題語は「その場にふさわしい品格をもった」の意味である。

突然の指名にも気の利いたスピーチをして、さすが堂に入ったものだった。

「堂奥《どうおう》に入《い》る」ともいう。また、「殿堂入《でんどうい》り」という言葉もある。これは、ある分野で功績のあった人をたたえて功労者名簿などに加えること。

年端《としは》もいかない

「年端」は年齢の程度。表題語は「幼い」という意味。

あんな～子が、かわいそうに！

仏《ほとけ》／鬼《おに》の～

温厚な人をたとえて「仏の～」、冷酷な人をたとえて「鬼の～」という。学生時代などにテストに甘い先生を「仏の佐藤」、とにかく厳しいのを「鬼の佐藤」などと呼んだものである。

同窓会で鬼の佐藤に会ったら、めっきり老けて仏の佐藤になっていた。

右腕《みぎうで》

日本では右より左を重く見る習慣があった。昔の官職でも左大臣は右大臣より偉い。それで、〝右腕〟というと、信頼できる補佐役のことを指す。

彼は監督の〜として選手たちの面倒をよく見た。

妙齢《みょうれい》のご婦人《ふじん》

うら若い女性、という意味。「妙」は少女のことである。語感からいうと、三〇代、四〇代の女性のような気がするが、辞書では二〇代を想定しているようだ。

課長、昨日、〜と一緒でしたが、どなたですか。

向《む》こう見《み》ず

向こうを見ずに飛ぶのは危険この上ない。その文字どおりの意味で、無鉄砲のこと。

あんたの〜は死んでもなおらない。

「無《む》鉄砲《てっぽう》」は「無点法」が変化した語。漢文で訓点・返り点などが付いていないのが無点法。

目《め》の上《うえ》のたんこぶ

目の上にたんこぶがあったら、視界に入って邪魔である。すなわち、年上や上司など、無視したいが、そうはいかない存在。

彼とは二歳違いだが、部内では～的存在である。

痩《や》せの大食《おおぐ》い

痩せているのに大食いな人。痩せた人に大食いが多いわけではなく、逆に少ないので目立つことからいう。

よく食べるね。そういえば～っていうものね。

両刀使《りょうとうづか》い

両刀は大小の刀のこと。転じて、正反対の分野をふたつともこなせること。お酒も好きで甘い物も好きだとか、女性も好きだが男性も好きだとか。

数学も文学も彼は得意である。いわば～である。

垢抜《あかぬ》ける

「しゃれている」といった意味。垢が取れてさっぱりした感じである。

あんな野暮ったい人が、最近、どういうわけか垢抜けてきた。

足腰《あしこし》がしっかりしている

年配者に向けた言葉である。年を取ると、人間は俗に「ハメマラ」といって歯、目、生殖器が先に弱るといわれるが、下半身の衰えも無視できない。骨粗しょう症などが話題になるときに、「足腰がしっかりしている」は相当の褒め言葉になる?

木村さんちのおじいちゃんはじつに〜。

あたりを払《はら》う

威力が行き渡ることをいう。感じはよく出ている。

彼は体格もあいまって〜威厳がある。

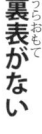

裏表《うらおもて》がない

人が見ているところと見ていないところで態度や行動が変わらないこと。

「裏も表もない」ともいう。本音と建前の使い分けのない、誠実な人柄は愛されること多し。

彼の裏表のないところが好き。

縁《えん》の下《した》の力《ちから》もち

人に知られていないが、重要な働きをしていることをいう。

どんな組織も～がいないと上手く機能しないものである。

押《お》し出《だ》し

人前に出たときの格好や雰囲気がどっしりとして迫力がある。

さすが社長、～が違う。

折《お》り目《め》正《ただ》しい

礼儀作法にかなっているということ。

～お嬢さんで、大変、感心しました。

恩義《おんぎ》に厚《あつ》い

「義理人情を重く見る」という意味。

彼は恩義に厚くて、開店してすぐお客で来てくれた。

「恩義《おんぎ》に感《かん》じる」という言い方もある。「アドバイスを恩義に感じたらしく、彼は几帳面《きちょうめん》な礼状をくれた」のように使う。

顔《かお》が利《き》く

「顔パス」という便利な言葉がある。顔を見せるだけで入場料とか電車代とかが無料になる特権である。顔でパス（通過）。こういう特権をもった人物は文字どおり「顔が利く」。顔の利く人物は特権を利用して頼みごとをしてくる人間に便宜を図る。それだけ「顔が広い」のである。

二次会は小林さんの〜店にしようよ。

矍鑠《かくしゃく》としている

これも年配者向けの言葉。年のわりに丈夫で元気なこと。超高齢社会にふさわしい言葉なので、漢字は難しいが、生き延びていきそうな言葉である。

最近は矍鑠としたご老人が多く、元気のない若者と対照的だ。

気《き》骨《こつ》のある

根性がある、覇気がある、というニュアンス。

彼はマイナスの局面で〜ところを見せた。

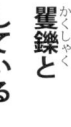

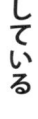

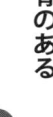

けれん味《み》がない

「けれん」に「外連」と当てている。演劇では、見た目の派手さでお客を驚かすことをいう。転じて、ごまかし・まやかしのこと。表題語は、それがない、といっている。

あの人は昔から～ので商売相手にもってこいだ。

反対は「けれん味がある」。

人物《じんぶつ》が大《おお》きい

器量がある、度量がある、堂々としている、などのニュアンス。

彼は～と、もっぱらの評判である。

酸《す》いも甘《あま》いも噛《か》み分《わ》ける

酸っぱいのと甘いのを食べ分けること、転じて人情の機微に通じている。人生経験豊富。

彼のような～先生なら子どもを任せて安心である。

筋金《すじがね》入り

筋金の入ったものは構造がしっかりしていて頑丈である。そこから、体や思想などが鍛えられ芯がしっかりしており、考えや行為にぶれがないこと。

彼は〜の自由貿易論者で、あらゆるルールは世界同一にせよと主張してきた。

背筋《せすじ》がピンとしている

これはおもに年配の人を対象にいう言葉だが、子どもにも「背筋をピンとしなさい」と注意するようなときに使う。「背筋」と「ピン」はセットの言葉である。

あのご老人、背筋がピンとして、身なりもさっぱりしている。

線《せん》が太《ふと》い

ものに動じない、図太い、という意味。

新人のピッチャー、なかなか線が太そうだ。

逆に、「線《せん》が細《ほそ》い」は弱々しくて神経質な感じ。

そつがない

漢字は「率がない」。手抜かりや手落ちがない、ということ。

あの人の計画は〜から安心だ。

「如才《じょさい》ない」も同意。

粒揃《つぶぞろ》い

同じ大きさのものがたくさんある、というのではなく、みんなえり抜きの優秀さである、ということ。

今年のサッカーチームは～で期待がもてる。

ちなみに「一粒種《ひとつぶだね》」は最愛の一人っ子のこと。

懐《ふところ》が深《ふか》い

度量が大きいこと。もとは相撲で四つに組んだとき、両腕と胸とで作る空間が広く、相手になかなかまわしを与えないことをいった。

～のはいいが、ときに信用がおけない印象があるのはマイナスだ。

懐を使った表現には「懐《ふところ》を痛《いた》める（自腹を切る）」「懐《ふところ》が暖《あたた》かい（お金がある）」などがある。

目《め》から鼻《はな》にぬける

わかりが早い、頭が切れる、決断力がある、といったニュアンスの表現。

あの人は～ような人で、大概のことは任せておいて大丈夫だ。

目《め》鼻立《はなだ》ちがはっきり

目や鼻の形がくっきりしている様子。赤ん坊や幼児を褒めるときの言葉。

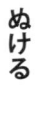

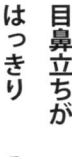

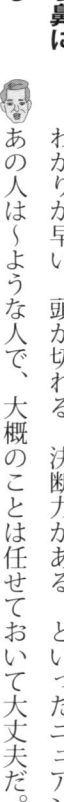

～して、なんて利発そうな赤ちゃんなんでしょう！

ものに動《どう》じない

何があってもびくともしないこと。鈍感とは違う。

西郷さんの銅像を見ると、～人ってこういう人かなって思う。

役者《やくしゃ》が一枚上《いちまいうえ》

歌舞伎の芝居小屋ではおもな役者の名を一枚ずつ看板に書いて掲げた。その位置が中央にあるほど役者の地位が上。それから転じて実力が上のこと。

囲碁であっさり負かされた。彼は～である。

ちなみに「役者《やくしゃ》がそろう」は必要な人物がそろうことで、この役者は働きや才能のある関係者のこと。

よろず相談役《そうだんやく》

好人物で頼りがいがあって口が堅い人は、仕事のことから私生活までなにかと相談をもちかけられる。

後藤田さんはうちの会社の～で、仲人件数も多い。

5

あざとい

押しが強く、やり方がどぎついこと。

バブルのころは地上げでだいぶ～手が使われた。

あなた任《まか》せ

責任感・義務感なしの行動・思考のこと。

外交を～にしてきたツケがいまに回ってきている。

いい子《こ》になる

人を出し抜いて自分だけ褒められたり好かれたりするように振る舞うこと。

彼はいつもいい子になろうとするので、みんなから疎《うと》まれた。

いけすかない

相手の態度が嫌らしくて嫌い、という意味。

あの男、いつもにやけていて、～ったらありゃしない。

「いけずうずうしい」「いけしゃあしゃあと」などの「いけ」は好ましくない気持

ちを強める言葉。

一言居士《いちげんこじ》

何にでもひとこと言わないとすまない人。「居士」は在家で修業する男子、あるいは男子の戒名の下につける称号で、学徳が高いが仕官しない人のこともいう。尊大な感じがあるので借用している。

～らしく、やっぱり会議の最後に苦言を呈した。

失言ばかりする人を「失言居士」と揶揄《やゆ》することがある。

うだつが上《あ》がらない

「梲《うだつ》」は家の棟を受ける部分。そこから、頭を押さえられて働きがパッとしないこと。

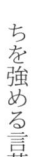

芸人志望の人はたいてい～まま、途中で姿を消すことが多かった。

江戸時代の町屋で建物の外に張り出して作った防火用の壁も「うだつ」という。富裕な家だけができたことなので、転じて表題語のような言い方ができたともいわれる。

独活《うど》の大木《たいぼく》

ウドは大きくなっても茎が柔らかく役に立たないことから、身体ばかり

大きくて役に立たない人のたとえ。ウドを見かけない生活が続けば、この言葉も死語の仲間入りである。日本人の背が伸びて、これからのほうが需要のありそうな言葉なのに。

でっかい体で仕事はみんなの半分もできない。まったく〜なんだから。

海千山千《うみせんやません》

「海のものとも山のものとも知れない」という言い方がある。日本では海と山はセットの概念である。表題語は、海に千年、山に千年棲《す》んだ蛇は龍になるという言い伝えから、「経験豊富で駆け引き上手でひと筋縄ではいかない人物」のこと。

〜の営業マンで、油断がならない。

往生際《おうじょうぎわ》が悪《わる》い

進退きわまって負けを認めざるをえないのに、まだジタバタしているような人物にいう言葉。

この期《ご》に及んで弁解に終始するとは、〜やつだ。

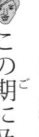

臆病風《おくびょうかぜ》に吹《ふ》かれる

「臆病風」とはよくいったものである。はじめはやる気だったのが、本番が近づくにつれてそわそわし出す雰囲気が〝風〟でよく表現されている。

会社を飛び出し独立する話も、全員が臆病風に吹かれたのか沙汰やみとなった。

お山《やま》の大将《たいしょう》

狭い分野で威張っている人。もとは子どもの遊びから。

彼は粋がっているが、しょせん～にすぎない。

風上《かざかみ》に（も）置《お》けない

風上に臭気のひどいものを置くと、風下に影響が出る。だから風上に置かないに限る。卑劣な人間をののしる言葉。

あいつは平気でを恩人を裏切った、人の～やつだ。

風上に置けない人物には当然、「風当《かざあ》たりが強《つよ》い（世の中から反発が多い）」。

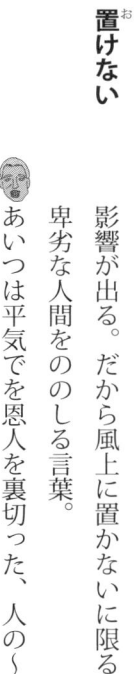

利《き》いたふうなことを言《い》う

「利風《きいたふう》」は「気の利いたこと」「生意気」なこと。

ちょっとかじったからって、〜な。

「聞いた」とするのは間違い。

器《き》用貧乏《ようびんぼう》

不器用な人はマイナスを克服するために人一倍努力するので、そのうちに独自の境地を切り開く可能性がある。反対に器用な人は自分の器用さに溺れて、結局、人真似に終始して独自の世界が築けないこと。また、そのような人。

〜とはよくいったもので、私はついに自分の特色を出せなかった。

事《こと》なかれ主義《しゅぎ》

平穏無事が一番の価値で、事を荒だてるのが嫌で、すぐに穏便にすまそうとすること。

彼の〜が災いして、かえって事態が紛糾した。

逆は「事大主義《じだいしゅぎ》」で、これは何でも大げさにするタイプである。強大なものに従うこと、という意味もある。

触《さわ》らぬ神《かみ》に崇《たた》りなし

変に近づくから神の怒りを浴びるのであって、敬して遠ざければ何事もない。尊敬はするが、うるさ型・怒り型なので近づきたくない人物を評していう。

今日は課長はヒステリーの日だから、〜、外回りに出てこよう。

しみったれ

けちのこと。「しみったれる」という動詞もある。「しみったれた話をするな」などと使う。

そんな〜のことなんか放っておけよ。

けちには、「けちんぼう」「しわんぼう」「吝嗇《りんしょく》」などの類語がある。

性懲《しょうこ》りもなく

性懲りは心の奥から本当に懲りること。それが「ない」ということは、懲りもせずに、あきらめ悪く、ということ。

彼女に体《てい》よく振られたのに、〜彼は付け回している。

外面《そとづら》がいい

「いい」といっても褒めているわけではない。外で見せる顔（外面）は営業用の顔で、それがいいというのである。家の中で見せる顔（内面《うちづら》という）が本当の顔。

うちの亭主は外面ばかりよくて困っちゃうんです。

太鼓《たいこ》持《も》ち

お座敷で芸を披露して客の機嫌をとり、座を盛り上げる商売。軽蔑して、人に媚《こ》びへつらう者をいう。「幇間《ほうかん》」も同じ意味。

彼の～は見え見えで、誰にも信用されなくなった。

他《た》力本願《りきほんがん》

西方浄土《さいほうじょうど》に住み一切衆生《いっさいしゅじょう》（生きとし生けるもの）を救う誓い（願）を立てたのが阿弥陀《あみだ》様。その阿弥陀様に頼って成仏しようとすること。転じて、自力では何もしない「あなた任せ」の人のこと。

君は～的になる癖があるけど、独自でやるとなると大変だよ。

血《ち》のめぐりが悪《わる》い

血が上手く回らないと、昔の人は「頭の回転が遅くなる」「理解力が落ちる」と考えた。表題語はそういう意味。

何度言ったらわかるんだ、～やつだな。

ちなみに鬱血《うっけつ》箇所から蛭《ひる》に血を吸わせて血のめぐりをよくする治療法がある。

鉄仮面《てっかめん》

無表情、冷酷な感じの顔をこう表現する。

あの男、何を言っても表情ひとつ変えやしない。まるで～だね。

「鉄面皮《てつめんぴ》」は、恥知らずで厚かましいこと。

煮《に》ても焼《や》いても食《く》えない

生で食べられないものも煮るか焼くかすればどうにかなるものだが、そのどっちも通用しないのだから、それこそ「食えないやつ」である。思うように扱えないしたたかな人のことを表す。

挑発にも乗らない、ましておだてにも乗らない。ああいうのを、～っていうんだろうね。

「煮《に》て食《く》おうと焼《や》いて食《く》おうと勝手《かって》にしろ」は、相手に全面的に処置を任すこと。

二枚舌《にまいじた》

うそをついたり前後矛盾したことを言うこと。

彼は～を使ってあの土地をものにした。

盗人《ぬすっと》たけだけしい

これは盗みとはかぎらず悪いことをした人間が、悪びれることなく、かえってずうずうしい様子を見せるのを非難していう言葉。末尾に「〜もいいところだ」「〜にもほどがある」と付けることが多い。

横領罪で捕まった課長、「会社のためでした」と言っているらしい。〜もいいところだ。

強盗に入って「戸締りがいい加減だ」などと説教する〝説教強盗〟というのがあるらしい。〜にもほどがある。

猫《ねこ》をかぶる

変な言葉である。まるでぬいぐるみの発想である。「本性を隠す」ことをいうのである。うわべだけを、猫のように柔和にすること。

あの女、人前では猫をかぶってしおらしくしていた。

八方美人《はっぽうびじん》

八方は東西南北、北東、北西、南東、南西の八つの方角を示したもので、あらゆる方面のこと。誰にでもいい顔をすることをいう。

いつまでも~でいると、自分の個性を出せずに終わってしまうぞ。

ちなみに「八方破《はっぽうやぶ》れ」はその逆で、どの方面からも攻撃を受けやすいこと、その挙げ句、自暴自棄になること。

人《ひと》の褌《ふんどし》で相撲《すもう》をとる

他人のものを上手く使って自分の利益になることをする。

彼は~タイプで独自の考えや行動力はない。

ちなみに、江戸時代は褌はレンタルだった。

ふしだら

品行が悪いこと、締まりがないこと。

その何事にも~な感じが人に嫌われる理由だ。

札付《ふだつ》き

正札付《しょうふだつ》き、つまり正真正銘とか有名の意味。とくに悪名高い者についていう。

あいつはこの辺では~のワルで通っている。

減《へ》らず口《ぐち》を叩《たた》く

意味は「余計なことを言う」。冗舌より沈黙を重くみる日本では「口が減らない人」は評価が低い。

減らず口叩いてないで、仕事をしろ仕事を。

無駄口《むだぐち》を叩《たた》く

「言う」ではなく「叩く」というところに、蔑《さげす》んだ感じが出ている。いい加減にしろ、という気持ちがこもった表現。

無駄口など叩いてないで、早く仕事に戻って。

疫病神《やくびょうがみ》

疫病を流行《はや》らせる神様、転じてひどく嫌われる人。

彼がいるとなぜか人間関係が上手くいかない。まるでうちの課の～だ。

欲《よく》の皮《かわ》が突《つ》っ張《ぱ》った

ひどく欲深い、という意味。食べ過ぎるとお腹の皮が突っ張る。同じく欲も過剰だと皮が突っ張るらしい。

あんな～やつと二度と仕事をしたくない。

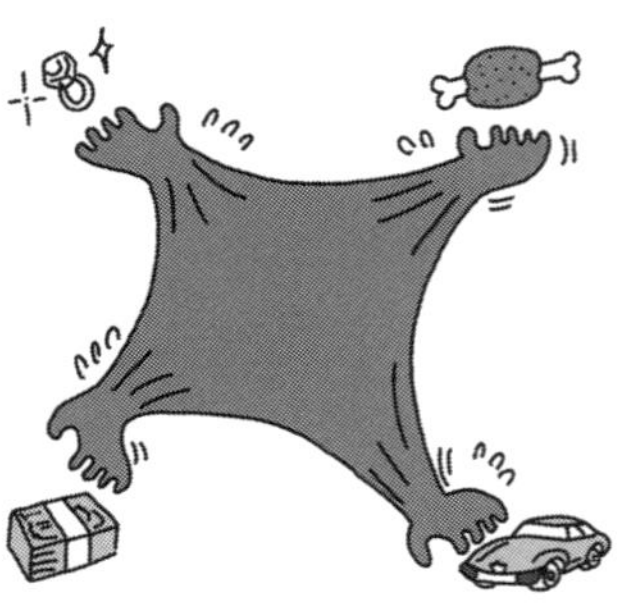

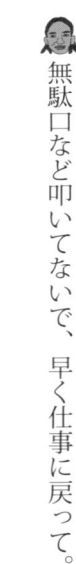

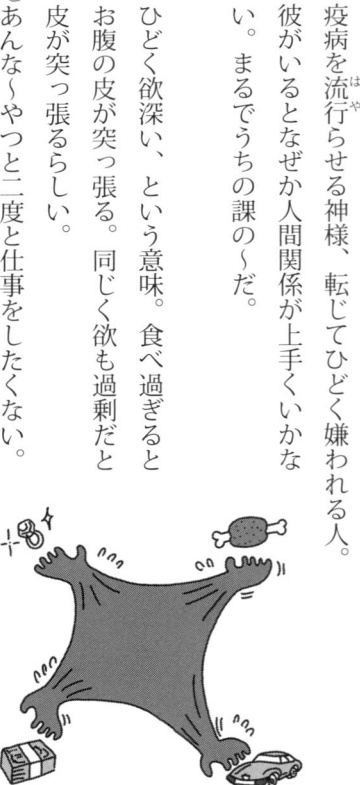

脇《わき》が甘《あま》い

相撲で、脇を締めつける力が弱いと相手にまわしを取られやすくなることをいう。転じて、守りが弱い、という意味。

あなたは~から、ひょんなことで失敗しかねない。

逆に「脇《わき》を固《かた》める」という言い方もある。「子飼いで脇を固めて新体制を敷いた」のように使う。

6

生憎《あいにく》

例を見てもわかるように、使い勝手がいい言葉。ダメだと断ると角が立つのを「生憎」が入ることで和らぐ効果がある。

「席、空いているかな?」「~満席でございます」

「~ですが、今日は雨で中止です」

「~ですが、相席《あいせき》でお願いします」

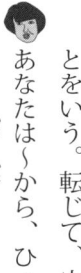

あやかりたい

誰か幸運な人がいて、その人の幸運に自分も便乗したいときに使う言葉。

宝くじに当たったそうですね。私もその強運に〜ものです。

お変《か》わりございませんか

顔を合わせてすぐの言葉。もちろん知り合いに使う。

お久しぶりです。その後、〜。

相手が重い病気を抱えていてみんながそれを知っているというときには、この言い方は適切ではないだろう。そのときは別の挨拶の仕方をする。

お聞《き》き及《およ》びだと思《おも》うのですが

「すでにお耳に入っている（届いている）と思うのですが」ともいう。

〜、最近、息子が大学に入りましてね。

お気《き》をつけて行《い》ってらっしゃってください

相手が旅行に出るようなときにいう言葉。

アメリカは猛暑のようですから、〜。

お口汚《くちよご》し

お客さんに食べ物をすすめるときにへりくだっていう言葉。食べ物の分量が少なめのときに使う。

〜でございますが、どうぞ召し上がってください。

「お口に合いますかどうか、どうぞ召し上がってみてください」という言い方もある。落語などでは枕に「お耳汚しのほどを一席お伺い申し上げます」ということがある。

お悔《く》やみを申《もう》し上《あ》げます

お葬式での遺族への挨拶の言葉である。

この度は思いもかけないことで、〜。

お言葉《ことば》ですが

やや気色《けしき》ばんで相手の言葉に反対するときの言い方。「お言葉を返すようですが」の言い方もある。

〜、私は一度もそんなことを考えたことがありません。

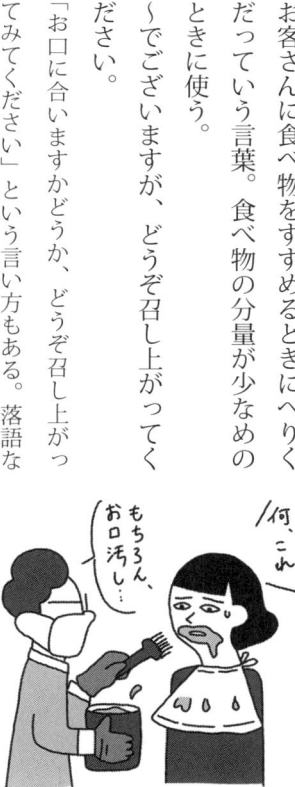

お言葉《ことば》に甘《あま》えさせていただきます

相手のすすめの言葉を一度は断って、再度、再々度の誘いで受ける場合に、有効な言葉。最初の誘いで使ってもいいが、やや感じが出ない。

そうですか。そんなにおっしゃってくださるのでしたら、〜。

お騒《さわ》がせしました

レストランなどで騒がしくして席を立つ際に、そばにいる人に言う言葉。

お騒がせして申し訳ありませんでした。

お好《す》きになさってください

「処理法は任せた」という意味。

「スケジュールはこちらで立てていいでしょうか」「〜」

同じ意味で「お好きにどうぞ」もある。

恐《おそ》れ入《い》りますが

目上の人に感謝の気持ち、または申し訳ない気持ちを表す。

〜、タバコはご遠慮ください。

「恐縮《きょうしゅく》ですが」も同じ使い方。「恐縮ですが、窓を開けていただけますか」のように使う。人にものを頼むときは丁寧に言うのが当たり前である。英語にも would you, could you, will you, shall you と多彩な表現がある。友だちに頼むか他人に頼むかで丁寧の度合いが変わってくる。ちなみに、上下関係の規則がうるさい言語を「カースト・ランゲージ」という。

おっしゃいますね

相手がやや踏み込んだ発言をしたときに、揶揄《やゆ》するような意味を込めていう。

「今度の競馬は大穴確実」「～」

「君にはもう頼まない」「～」

お手《て》数《すう》ですが

「おてすう」「おてかず」どちらもいう。「ご面倒ですが」の意味。相手に何かをしてもらうときに言うと有効な言葉である。

～よろしくお願いします。

お取《と》り込《こ》みのところ

「お取り込み中（のところ）」という言い方もする。「お忙しいところ」という意味。はじめにこう言って、あとに「恐縮ですが」「恐れ入りますが」がセットで付く。

～恐縮ですが、お手をお貸しいただけますでしょうか。

お風呂《ふろ》、お先《さき》にいただきました

～恐れ入りますが、ちょっとお時間を拝借したいのですが。

よその家に泊めてもらって、家内の人より先に風呂に入ったときにこう言って、恐縮した気持ちを表す。先に入ったことはみんな知っていても、こう表現する。

～。けっこうな湯加減でした。

お安《やす》い御用《ごよう》

「簡単だ、任せてくれ」と意気込む感じ。

そんなこと、～ですよ。

「お安《やす》くない」は、男女関係を冷やかす言葉。「上手くやってるなあ」というニュアンス。心に悩みがない状態が「安い」である。「安くない」のは、仲のいいところを見せられて落ち着かない心理状態になるからである。

お楽《らく》になさってください

他家を訪問して居間で座布団をすすめられて、正座でかしこまったときに言われる言葉。「どうか膝を崩してください」とも言う。男なら胡座《あぐら》に、女なら横座りに。もちろん正座のままでもかまわない。形を崩すときには「お言葉に甘えさせていただきます」と言う。

どうか～。

勝手《かって》にやらせていただきます

飲み屋でお互いに手酌でやるときに言う。

課長、～。

けっこうなもの

いただきものをしたときにお礼で言う言葉。

今日はご馳走ばかりかこんな～までいただいて申し訳ございません。

ご挨拶《あいさつ》

「挨拶に事欠いて何てことを言うんだ」のニュアンス。気心は知れているので、相手の辛辣《しんらつ》な言葉も気にならない。

「しばらく見ない間にぐっと老けたじゃないか」「～ね」

「全然儲かってない顔だね」「～じゃないか」

ご相伴《しょうばん》にあずかりました

メインゲストにくっついて行って、もてなしを受けること。恐縮して使う。

私まで〜。

ご足労《そくろう》いただいて

「わざわざ足を運んでいただいて恐縮です」の意味で使う。

こんな雨の中〜。

お忙しいのに〜。

遠路はるばる〜。

ご面倒《めんどう》をおかけいたします

相手の好意にお礼を言うときの言葉。すでに要件を頼んで進行中のときは、「ご面倒をおかけいたしております」になる。

急なお願いで恐縮です。〜。

ものを頼むときにはじめに「ご面倒ですが」と付ける言い方もある。

ごもっともです

「おっしゃるとおりです」という意味。

お話は〜。

こんなことをされては困《こま》ります

お叱りは～。

相手の好意から必要以上のことをされたときに言う。相手が謝礼として現金を渡そうとしたり、別れ際に急に手土産などを渡そうとしたりしたときなどにも言う。こう言っても相手は「いいからいいから」と譲らないことがある。そういうときは、「そうですか。今回はお言葉に甘えさせていただいて」と言って納める。

～。そんなつもりは毛頭ありませんでしたから。

些少《さしょう》ですが

謝礼などを渡すときに言う。やや多めに入っているときにも使うが、大体は相応の額のときに使う。

今日のお礼です。～受け取ってください。

さぞお心落《こころお》とし

お葬式での決まり言葉である。

急なことで、～のこととお察しします。

席《せき》を改《あらた》めて

パーティーなどで久しぶりに顔を合わせても通り一遍の挨拶しかできない。そういうときに、別の場所でまた会いましょうと挨拶する言葉。

お久しぶり。こんなところではあれですから、後日また～お会いしましょう。

「一席設《いっせきもう》ける」という言い方もある。こちらが接待する側である。「近々、一席設けますので、ぜひお時間を空けておいてください」のように使う。

せっかくですから

いろいろなシチュエーションで使えるが、たとえばお土産に食べ物などをもらったときに、その場で開いて食べるのに、この言葉を枕に使う。

「ご好意に甘えて」の意味。

～味見をさせていただきます。

拙宅《せったく》にお寄《よ》りください

いまどき、自分を卑下する言い方は流行らないが、知っておいて損はない。自分の家をへりくだった言い方。

（文面で）お近くにお越しの節は、ぜひ～。

自分の息子、妻をへりくだっていう言い方、「愚息《ぐそく》」とか「愚妻《ぐさい》」は死語である。

他《た》人行儀《にんぎょうぎ》

これは「見ず知らずの人間に対するときのような態度はやめてください」という意味。含みのあるいい言葉である。

嫌だな、～はよしてくださいよ。

近《ちか》ごろはめっきり寒《さむ》くなってきました

季節の挨拶は話題づくりには最適である。その季節季節の言い方をストックしておくと便利である。本来は、実感からその場でパッと口をつくようでありたい。

この時分に雪とは驚きでした。

梅がもうぼちぼち咲き始めました。

桜が咲くと、どうも落ち着かなくなるんですよ。

洗濯物が生乾きで嫌なものですね。

「秋はさやかに見えねども」などと上手い言い方がありますけれど。

こんな小春日和には佐藤さんのお顔を拝見したくなって。

今朝はぐっと冷えて水たまりには氷が張っていました。

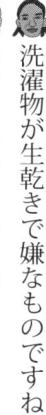

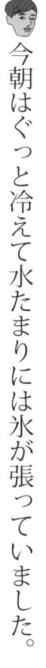

つかぬことをお伺《うかが》いします

「付かぬこと」で、前の話には続かないことですが、突然ですがの意味。

〜が、今年でおいくつになられます？

どうかお気《き》遣《づか》いなさらないでください

よその家を訪問した折に、家人がいろいろと接待しようとするのを遠慮して言う言葉。こう言われて接待をやめる人はいないのだが、礼儀として言うことになっている。

どうか奥さん、そんなにお気遣いなさらないでください。

「どうかお構《かま》いなく」も同じシチュエーションで、たとえば相手がお茶の用意でもしようとしたときなどに使う。

どうぞそのままで

玄関でお客が脱いだ靴を整理しようとするのを押しとどめて言う言葉。

〜お上がりになってください。

取《と》り越《こ》し苦労《ぐろう》はなさらないほうがいいですよ

「取り越し苦労」は、先、先と心配すること。表題語はそういう不安な心理を慰める言葉。

きっと上手くいきます。あまり～。

とんでもございません

「とんでもない」の丁寧な言い方。否定したり断ったりするのではなく、謙遜、遠慮するニュアンスである。

「さぞかし息子さんは立派になられたでしょうね」「～」
「どうぞお先に」「とんでもない。そちらこそどうぞ」

本来「とんでもない」を丁寧にいうと「とんでもないことでございます」だったが、現在では表題語のような言い方も文部科学省によって認められている。

何《なん》にもございませんが

お客さんにお茶菓子などを出すときの言い方。「取り立てていうほどのものはないが」の意味。

～、お茶請けに召し上がってください。

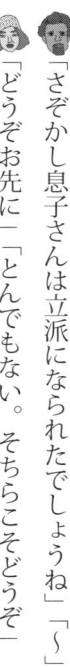

不調法《ぶちょうほう》なものですから

酒・タバコ・芸事などをやらないのを謙遜して言う。

「麻雀をやろうか」「なにぶん〜」

「得意の喉でも披露してくれませんか」「いやあ〜」

末席《まっせき》を汚《けが》す

「下のほうの位（末席）です」というのをさらに謙遜する言葉。

私、この度当会の末席を汚すことになりました田中と申します。

無理《むり》なお願《ねが》い

「無理やりのお願い」という意味。

〜で申し訳ありません。

頼みごとをしたあとに「あまり無理をなさらないでけっこうですから」と言うことがある。成果を出してほしいのはやまやまだけど、頼んだ相手が無理をして負担になったら困る、という心理である。

滅相《めっそう》もない

「とんでもございません」より遠慮の度合いが強い。

「食事を召し上がっていかれたらどうですか」「〜、長居をしすぎました」

目《め》をかけていただいて

思わぬ好意を受けたときに使いたい言葉である。もちろん相手は顔見知りの長年者や上司などである。

こないだはチケットをありがとうございました。いつも〜恐縮です。

面目《めんぼく》がない

期待に応えられないときに謝る言葉。

「こないだは会の途中で帰ったそうだね」「面目ありません。身体の調子が悪かったもので」

もうお帰《かえ》りですか

気持ちは帰ってほしくても、口ではこう言うのが礼儀である。時間が来たから「はい終わり」とは言いにくいものである。とすれば言われたほうも素直に受けないで「いやもう長居をしすぎました」とか「いやもう失礼しないと、帰りの足もとが不安になりますから」などと言って断るのが礼儀である。

〜。夕飯でも召し上がっていってください。

もらいもので恐縮《きょうしゅく》です

わざわざこんなことを断る必要もないのだが、ほかから来たものを使い回すのが心理的に負い目なのか、意外と使われる。

〜が、遠慮なさらずに召し上がってください。

「お裾分《すそわ》けですが」という言い方もある。これは人からいただいたものからいくぶんかを誰かにあげること。「お裾分けですが、どうぞお納めください」などと使う。

第四章

大げさな表現やたとえを使って上手く言う

□■□　練習問題　□■□

腐《くさ》っても□

身分や処遇が変わっても、真価は変わらないということ。

答えは229ページ

□をつかむような話《はなし》

どこが頭だかしっぽだかわからない漠然とした話のこと。

答えは239ページ

叩《たた》けば□が出《で》る

だれでも、あえて暴けば過去に過ちがある、ということ。

答えは245ページ

□□を変《か》える

お酒などを飲んで「もう一軒」というときにこの言葉を使う。場所を変えること。

答えは251ページ

□を食《く》う

外からは生活の資をどこから稼いでいるかうかがい知れない生き方をいう。

答えは252ページ

1

味《あじ》もそっけもない

「すげなし」を漢字で「素毛なし」と書いたのが「そっけない」に。そっけないは「冷淡」の意味。表題語は「思いやりがない」「取りつく島がない」ということ。

こちらの問い合わせに～返事が返ってきた。

汗水流《あせみずなが》す

水のように流れ出る汗。労働の汗である。

母が女手ひとつで汗水流して働いてくれたおかげで大学に行けた。

穴《あな》があったら入《はい》りたい

「恥ずかしくて身を隠したい」をオーバーにいった感じ。

恥ずかしくて～。

穴《あな》のあくほど

じっと見つめる様子。なんだかよくわかる表現である。

子どもが展示のおもちゃを～見つめていた。

類義語に「まじまじ」「じっと」「しげしげ」などがある。

あばたもえくぼ

他人が見ればあばたでも、愛する人が見ればえくぼに見える不思議。背が小さいのもかわいらしく、生意気なのも元気旺盛に、小心なのも気遣いがこまやかに見える不思議。

あんな理知的な人がいざ若い奥さんのことになると、〜になるんだからね。

生《い》き馬《うま》の目《め》を抜《ぬ》く

生きている馬の目玉をくり抜くのは至難の業である。素速く、残酷にやらなくてはならない。そこから、事をするのに素早いさまをいう。

「東京、〜大都会」などという言い方をする。

「生《い》き牛《うし》の目《め》を抉《くじ》る」も同じ意味。

生《い》き血《ち》を吸《す》う

まるでドラキュラである。生き血を吸われれば、当然、体が弱り、命までが危ない。それほどになるまでに、金品をせびり、たかること。

あいつは女の生き血を吸って生きているような男だ。

例文のような男は「血《ち》も涙《なみだ》もない（冷酷）」に決まっている。

嘘八百《うそはっぴゃく》

八百は「ものごとの数の多いこと」をいう。

いくら口で買わせる商売といっても、〜はいけない。

八百屋《やおや》は字義どおりいけば百貨店である。江戸は八百八町《やちょう》というが、本当はもっと多かったらしい。ちなみに「千三《せんみ》つ」は〇・三％の確率でしか本当のことを言わない人間のこと。

大風呂敷《おおぶろしき》を広《ひろ》げる

現実に合わないような大げさなことを言ったり計画したりする。

一〇年以内に業界ナンバーワンになる、と社長は大風呂敷を広げた。

風呂敷はもともと風呂場に敷いて、湯上がりに足を拭いたもの。江戸中期以降に、その風呂敷を頭巾にした風呂敷頭巾が流行したらしい。足を拭くものを頭に載せるのだから、物を包んでもおかしくない。風呂敷ほど便利なキャリーグッズはない。最近は贈答品を包むデザインに凝ったものも出てきて、復権の兆しがある。

親《おや》の脛《すね》をかじる

もう独立してもいい年頃なのにまだ親にすがっている、ということ。よりによってなぜ硬い脛なのか。噛み具合のいいところは全部噛み尽くしているので、残った脛に食らいついたというところか。

三〇代で〜男たちが増えている。

古くは、「親の脛を被《かぶ》る」といっていた。

おんぶにだっこ

背負ってもらったほかに抱いてもらう、ということで甘やかされすぎること。おんぶもだっこも幼児言葉で余計に甘やかしている感じが出ている。

うちに出入りするのは構わない。しかし、資金も出せとは、〜はいい加減にしてほしい。

草木《くさき》もなびく

みんな引き寄せられる、草や木も同じ方向になびく。それほど勢いが盛んなこと。

業界で彼の権勢は巨大で～勢いである。

腐《くさ》っても鯛《たい》

たいていの魚は腐ったら食べようがないが、さすが高級魚のタイは違う、まだ味がいい――身分や処遇が変わっても、もともと優れたものの真価は変わらないということ。

さすが～、往年の手際のよさ、決断の速さが見える。

剣《けん》ケ《が》峰《みね》

噴火口の周縁で、おもに富士山の山頂をいう。同じイメージで相撲の俵の表面のこと、そこに足がかかってあとがない状態。少しの余裕もない、絶体絶命の状態のこと。

思い返せば、あの時点が～で、どうにか危機を脱することができた。

酒《さけ》に呑《の》まれる

酒に酔って正気を失うこと。ふつうとは逆

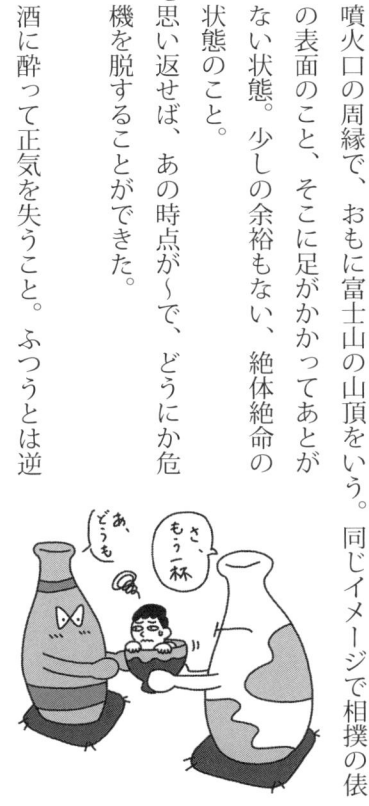

の言い方にして印象的にしている。

お酒に呑まれないコツは、周りの人を気遣うことである。

舌先三寸《したさきさんずん》

口先だけであしらうこと。三寸は約九センチメートル。つまり、舌先三寸とは舌のこと。短さを強調し、その短い舌が操る言葉で人をたぶらかすこともできる、といっている。

～で世渡りできるほど甘くはない。

そう毛《け》立《だ》つ

恐怖心でゾッとすると、身の毛がザザッと立つような感触がある。「寒けだつ」の変化したものというが、当て字の「総毛立つ」のほうが感じが出ている。

映画は猟奇シーンの連続で、そう毛立ってきた。

「身《み》の毛《け》がよだつ」も同じ意味で使う。小説家、大江《おおえ》健三郎《けんざぶろう》の作品に『臈《ろう》たしアナベル・リイ総毛立ちつ身まかりつ』がある。

爪《つめ》の垢《あか》を煎《せん》じて飲《の》む

模範となる人の足もとにも及ばない。そんなときは、その人の「爪の垢」を漢方薬代わりに飲んであやかる、というわけである。

あなたのようないい加減な人間は彼の～ぐらいじゃないとダメだ。

梃子《てこ》でも動《うご》かない

梃子の原理を使うとけっこう重いものも動かせるが、その梃子でも無理だというのである。どんなことでもその場を動かない、信念を変えない、ということ。

彼がこう言い出したら、～のはみんな知っている。

出端《でばな》をくじく

出ようとする瞬間、つまり初っ端《しょぱな》に攻撃を加えて妨げること。

力の差が歴然としているから、～作戦に切り替えた。

毒気《どくけ》を抜《ぬ》かれる

驚かされて呆然とすること。

相手の人を食ったような言葉に、まず毒気を抜かれてしまった。

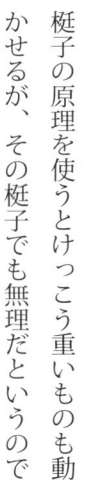

泣《な》く子《こ》も黙《だま》る

泣く子どもも、その人のことを聞いただけで泣きやむ、圧倒的な威勢をもっている人のことをたとえていったもの。

営業畑では彼は〜やり手である。

根《ね》も葉《は》もない

根がなければ当然葉もないわけだが、重ねていうことで「根拠がない、言いがかりだ」と強調している。

私が辞表を出すというのは、〜噂にすぎない。

「根掘《ねほ》り葉掘《はほ》り聞《き》く」も同じ強調の構図。

喉《のど》から手《て》が出《で》るほど欲《ほ》しい

「喉から手が出る」で「欲しい」を意味する。かつて「耳から手ぇ突っ込んで奥歯ガタガタいわせたろか」というギャグがあった。どぎついギャグだが、表題語も負けてはいない。いかにも「欲しい！」という感じが出ている。

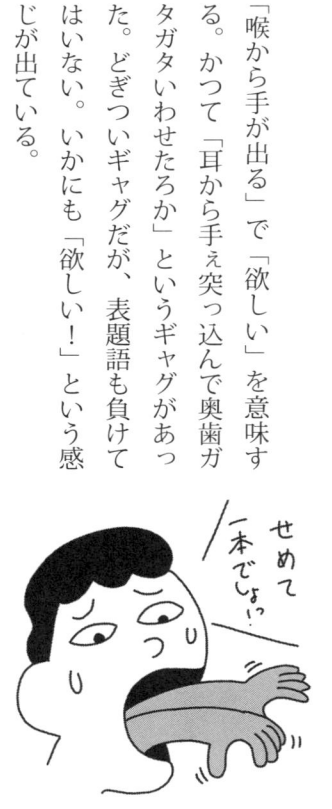

化《ば》けの皮《かわ》が剝《は》がれる

このバッグ、喉から手が出るほど欲しかったの。

うそをついているときは仮面をかぶっているのと同じ。バレると仮面を剝がされる。その仮面を化けの皮とはよくいったものだ。

忠告しとくけど、～前に正直に言っといたほうがいい。

「メッキが剝《は》がれる」という言い方もある。立派に見せていたのが、実態は貧相なものとわかったときにいう言葉。

箸《はし》が転《ころ》んでもおかしい年《とし》ごろ

中学生から高校生ぐらいまでの子は、箸が転がるだけでおかしがる。

誰しもニキビに悩まされるころが、～である。

鳩《はと》が豆鉄砲《まめでっぽう》食《く》ったような顔《かお》

あまりに驚いて魂が抜けたようなポカンとした顔をいう。

トラックのクラクションが鳴ったくらいで、なんで～をしてるんだ。

花《はな》も恥《は》じらう

花も恥ずかしがるぐらいに美しいという意味で、若い女性に使う。

彼女は～一七歳だ。

針《はり》の筵《むしろ》

針で作った筵など座れたものではない。そのいたたまれなさをいう言葉。

みんなから疑いの視線を注がれて、まるで～にでも座っている気持ちだ。

ちなみに「針《はり》を含《ふく》んだ声《こえ》」はとげとげしい感じの声のこと。

贔屓《ひいき》の引《ひ》き倒《たお》し

贔屓はもともと「ひき」で、大いに力を入れること。そこから、自分の気に入った者を引き立てて評価するのはいいが、度が過ぎると、かえって相手の迷惑になることがある、という意味。

A社に肩入れするのもけっこうだが、～にならんように気をつけたほうがいい。

ペンペン草《ぐさ》も生《は》えない

ペンペン草とは、果実の形が三味線の撥《ばち》に似ている「ナズナ」のこと。かつて川崎製鉄が千葉に最新鋭の工場を作ろうとしたとき、一万《いちま》田《だ》尚登《ひさと》日銀総裁は、金融引き締め政策に逆行する巨額投資だと怒り、「ペンペン草も生えないようにしてやる」と脅したという逸話がある。例文は営業で先に徹底的に注文を取って回るので、あとを回る人間が非常に苦労するという意味。

彼が営業に回ったあとは、～ほどである。

魔《ま》が差《さ》す

なんともすごい言葉である。「魔」に見入られたら、人間何をするかわからない。ふと思いもかけない行動をする、ということ。

経理部長は魔が差して会社の金に手を出し、警察に捕まった。

「魔」と逢う時刻を「逢魔《おうま》が時《とき》＝大禍時《おおまがとき》＝たそがれ時《どき》」という。

身《み》も世《よ》もない

自分の身も世間体もかまっていられない、それほど思いつめているということ。

彼女は～といった様子で泣き始めた。

目《め》が釘《くぎ》づけになる

釘で打ちつけられたように目が離せない、という意味。

シリアの爆撃の映像に釘づけになった。

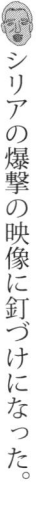

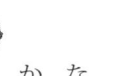

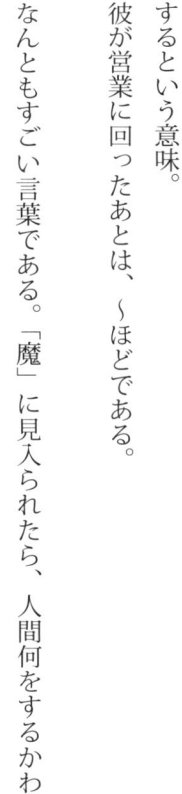

目《め》に入《い》れても痛《いた》くない

かわいくてかわいくてたまらない、という意味。自分の子どもなら、こう言いたくなる気持ちもわかるのではないだろうか。

うちの子はまだ三歳。〜んです。親バカですね。

2

揚《あ》げ足《あし》を取《と》る

人の言葉尻や言い間違いを指摘して、なじったり皮肉を言ったりすること。もともと「揚げ足」は相撲・柔道で地面から浮いた足のこと。

彼は討論の間じゅう揚げ足取りに終始した。

圧巻《あっかん》

書物、催事などで一番優れているところ。中国の官史登用試験で最優秀の答案（巻）を一番上に置いてほかの答案を圧したことから。

オペラ公演の〜は主役二人の輪唱である。

蟻《あり》の這《は》い出《で》る隙《すき》もない

アリが出られないなら、ほかは推《お》して知るべし。

東京サミット開催で首都は～警備体制を敷いた。

生《い》ける屍《しかばね》

生きてはいるけれど死んだも同然、という意味。

大惨事のショックで、彼は精神的に～と化してしまった。

石《いし》にかじりつく

必死に頑張る感じがよく出ている言葉である。

私は石にかじりついてもこの仕事を続けていこうと思う。

至《いた》れり尽《つ》くせり

十分すぎる応対をいう。

老舗旅館だけあってサービスは～だった。

一事《いちじ》が万事《ばんじ》

「いつも」「すべて」というのを強調した言い方。

彼は～でものごとに真剣に取り組まない。

一糸《いっし》（も）纏《まと》わず

丸裸の意味。

マリリン・モンローが〜写真におさまって、保守的な世間は騒然となった。

命《いのち》から二《に》番目《ばんめ》

「命より大事」とはなかなか言いにくい。命の次に大事、非常に大切にしているもの、ということ。

この手帳は私の〜に大事なものです。

うんともすんとも

似たような表現を重ねて意味を強調するやり方である。

電話の向こうで〜言わなくなった。

「微《び》に入《い》り細《さい》に入《い》り」「惚《ほ》れた腫《は》れた」などけっこうある。

腐《くさ》るほど

ものがたくさんあること。

そういう失敗例は〜ある。

ほかに「嫌《いや》というほど（うんざりするほどにたくさん）」「掃《は》いて捨《す》てるほど（数が多過ぎて）」などの表現もある。

雲《くも》をつかむような話《はなし》

どこが頭だかしっぽだかわからない漠然とした話のこと。

~に乗って、重い負債を抱え込まないように。

雲を使った言葉では「風雲急《ふううんきゅう》を告《つ》げる」がある。いかにも時代がざわざわと動いている感じである。龍が風と雲を利して天に昇るように、英雄豪傑も世に出るチャンスである、あるいは時代が大きく動こうとしている、という意味。また「風《ふう》雲児《うんじ》」は破天荒に活躍して、画期的なことを成し遂げる人物である。「雲行《くもゆ》きが怪《あや》しい」は「形勢がなんとなく悪いほうへ向かっている」。

算盤《そろばん》ずく

計算高く損をしないようにすること。

あなたの何でも~の態度には嫌気が差した。

血《ち》で血《ち》を洗《あら》う

凄惨《せいさん》なイメージの言葉である。反目する勢力の間で殺し合いのような激しい争いが続くことをいう。

~抗争が二年も続いた。

飛《と》ぶ鳥《とり》を落《お》とす勢《いきお》い

権勢のすごいさまをいう。

かつて〜だった人も、すでに余生に入って平穏に暮らしている。

二階《にかい》から目薬《めぐすり》

まるで落語のオチで、二階から下にいる人に目薬をさす、ということ。そこからもどかしい、まわりくどくて効果がないという意味。

追加減税も〜でちっとも不況回復に効果がない。

馬鹿《ばか》のひとつ覚《おぼ》え

馬鹿はひとつを覚えると万事にそれが通用すると思う。それと同じく融通の利かない、いつも同じ取り組み方をすることをいう。

何かあるとお金ですむと思っているようだけど、〜もいい加減におしよ。

人《ひと》の口《くち》に戸《と》は立《た》てられない

誰かの発言を封じてもほかの誰かが口を開く。噂の広がりは避けられない。

〜のだから、善後策を考えておいたほうが賢明である。

火《ひ》の車《くるま》

地獄にある燃える車。罪人を運ぶものである。転じて、生活や経営が危機的状況であること。
あの家は家計が～と言いながら、けっこう優雅に暮らしている。

目《め》糞《くそ》鼻《はな》糞《くそ》を笑《わら》う

自分の欠点に気づかないで相手の欠点を指摘することをいう。それを「目糞鼻糞」と表現する感覚がすごい。
君はしきりに僕の優柔不断を責めるけど、それは～の類《たぐ》いだよ。

痩《や》せて骨《ほね》と皮《かわ》

極端に痩せてほとんど骨と皮だけであること。
難民キャンプの映像では、～だけになった子どもたちの姿に目がいく。

3

青筋《あおすじ》を立《た》てる

皮膚から透けて血管が青く見えるのが「青筋」。とくにこめかみなどに浮いて出ていること。激しい怒りについていう。

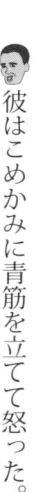

彼はこめかみに青筋を立てて怒った。

赤子《あかご》の手《て》をひねるよう

簡単であることのたとえ。残忍で的確な表現である。

この辺の家主に立ち退き条件を呑ませるのは～に簡単だった。

後足《あとあし》で砂《すな》をかける

迷惑をかけたうえに、去り際にまたひどいことをすること。

あいつは二度と家に入れるな。～ようなことをしていったんだから。

暗礁《あんしょう》に乗《の》り上《あ》げる

暗礁は海中に隠れた岩のこと。船が暗礁に乗り上げると進めなくなる。そこから思わぬ障害によって、進むのを阻まれること。

委員会は大臣の不用意発言で暗礁に乗り上げたまま、再開の目途が立たない。

芋《いも》を洗《あら》うよう

人が非常に多いことをいう。「芋の子を洗うよう」という言い方もする。毎年、海水浴シーズンの定番文句。

湘南海岸は海水浴客で～な賑《にぎ》やかさです。

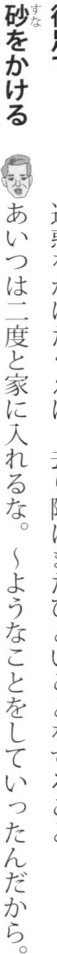

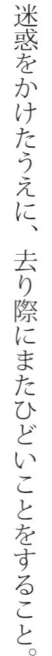

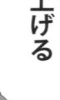

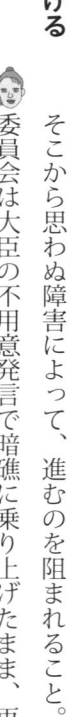

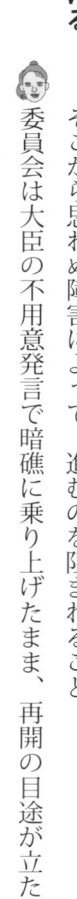

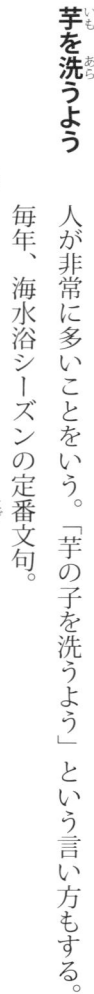

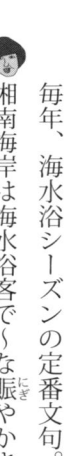

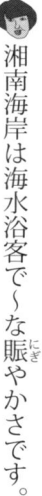

薄紙《うすがみ》を剥《は》ぐ／剥《は》がすように

薄い紙を一枚一枚剥がすように、日増しに病状が回復することをいう。火傷《やけど》の手当てに薄い油紙を張ったのを、医者がピンセットで慎重に剥がす様子を思い浮かべるとよくわかる。

少女の病気は両親の介護のおかげで、〜徐々に治ってきた。

同《おな》じ釜《かま》の飯《めし》を食《く》う

ある期間、他人でありながら一緒に寝起きして食事をともにした間柄には特別な愛情などを感じる。それを端的に表している。

そんな冷たいことを言うなよ。同じ釜の飯を食った仲じゃないか。

飼《か》い犬《いぬ》に手《て》を噛《か》まれる

いままで恩義をかけた人間に裏切られることをいう。

人の心配をしてないで、飼い犬に手を噛まれないように気をつけたほうがいい。

櫛《くし》の歯《は》が欠《か》けたよう

櫛の歯はぎっちり、規則正しく並んでいるのが普通だが、ところどころ欠けているさまにたとえている。

下町では一軒が立ち退くと、～に次々と引っ越していった。

ちなみに、「櫛比《しっぴ》」は隙間なくびっしり並んでいくこと。

蜘蛛《くも》の子《こ》を散《ち》らすように

くもの子は小さくて数が多い。一斉に四方八方に散らばるさまを比喩的に使う。

債権者は取るものを取ると～いなくなった。

こまねずみのように働《はたら》く

「こま」は小さいことをいう。小さなねずみが、忙しく動く様子から表題語のような言い方ができた。

田舎の母は毎日こまねずみのように働いた。

重箱《じゅうばこ》の隅《すみ》を揚枝《ようじ》でほじくる

細かいことまで干渉したり詮索したりすることをいう。

うちの母はプライベートなことまで～ように聞いてくる。

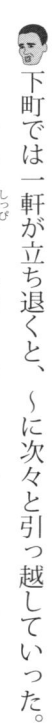

「重箱《じゅうばこ》の隅《すみ》をつつく」ともいう。

死《し》んだ子《こ》の年《とし》を数《かぞ》える

死んだ子は年を取らないが、親とすれば「生きていればいくつ」との思いはやみがたい。しかし、それが無駄な行為であることも確かである。どうにもならない過去のことの愚痴を言うことのたとえ。

いまさらあの一件のことを持ち出すなんて、～ようなものですよ。

叩《たた》けば埃《ほこり》が出《で》る

だれでも、あえて暴けば過去に過ちがある、ということ。

確かに～身体だが、いまは正直に暮らしている。

隠語で「叩く」は強盗を働くこと。

出《で》る杭《くい》は打《う》たれる

ほかより頭の出た杭は叩かれる。同じく目立つ人間はともすると足を引っ張られ、批判され、あらぬことも言われる。

彼の一般誌発表の斬新な論文は～で教授会でやり玉にあげられた。

寝《ね》た子《こ》を起《お》こす

いままでダダをこねていた子どもをせっかく寝かしつけたのに、また起こすと、同じくぐずりだす。それが転じて、一度収まったことを蒸し返すことをいう。

そんなこと言わないでよ。せっかくあの件は忘れていたのに、寝た子が起きちゃうじゃない。

ハシゴを外《はず》される

ともに事に当たっていた仲間が引き抜かれるなど、進行が妨害されること。ハシゴは一段一段上るもので、それを外されるというのは、せっかく一段一段踏んだプロセスが台無しになるという意味がある。

部下の佐藤の配置換えは、A計画のハシゴを外されたようなものだ。

英語でも ladder（ハシゴ）は出世の手段のたとえである。

バスに乗《の》り遅《おく》れる

時流に取り残される、好機を逃す、という意味。

バスに乗り遅れてはならないと、議案の賛成に回った。

英語の miss the bus に由来する。

腫《は》れものに触《さわ》るように

恐る恐る大切に扱う。機嫌を損ねないように気を使う。

まるで～受験期の子どもに接する親が多い。

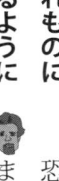

火《ひ》が消《き》えたよう

静かであること、また賑やかな光景がなくなって寂しくなるさまをこういうほうが印象が深い。

温泉街は～な衰えようである。

火《ひ》が付《つ》いたように泣《な》き出《だ》す

突然、火が付いてパッと燃え出すように激しく泣く様子。

きつく叱ったわけでもないのに、子どもは火が付いたように泣き出した。

一人相撲《ひとりずもう》をとる

一人で夢中になってことに取り組むこと、またその結果、何も得ないで終わること。二人でやる相撲を一人でやるのだから、かなり勝手である。勢い込んだ力も空回りで終わってしまう。

彼の欠点はいつも一人相撲をとって自滅することだ。

火《ひ》の粉《こ》が降《ふ》りかかる

火事を眺めに行って火の粉が降りかかっている状態である。巻き添えをくうという意味。

営業の失態でいつこちらに～かわからない。

類語に「飛《と》び火《ひ》」がある。事件などが、関係ないと思われていた人やところに及ぶこと。

湯水《ゆみず》のように使《つか》う

お金の派手な使い方をたとえで表現している。

明治、大正の新興成金の中にはお金を～人がいた。

4

赤信号《あかしんごう》がともる

ストップせよ！　という危機的状況のたとえ。ちなみに、黄信号なら「要注意」である。

クリスマスの喧嘩以来、二人の間には赤信号がともっている。

秋風《あきかぜ》が吹《ふ》く

秋風に吹かれてふいに寒さをおぼえることがある。それと同じで、いままでは上手くいっていたのに、気づかないうちに二人の関係が冷めていることを「秋風が吹く」という。

急に二人の間に秋風が吹いて、顔を合わすことが少なくなった。

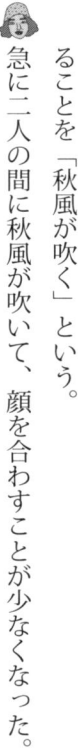

秋を使って「秋波《しゅうは》を送《おく》る」というのもある。これも男女の色恋に関係があって、女が男に色っぽい目つきをすることをいう。「秋波」はもとは文字どおり秋の澄んだ波をいったが、転じて女性の涼しい目元をいうようになった。秋風には「秋《しゅう》風索漠《ふうさくばく》（ひっそりとして寂しいさま）」という言葉もある。

危《あぶ》ない橋《はし》を渡《わた》る

危険を冒すこと。

東西ドイツを分割する壁ができたあと、東から西へ行こうと～人が絶えなかった。

油《あぶら》を絞《しぼ》る

締《し》め木《ぎ》で絞って油を出すように、失敗や過失を厳しく責めること。

いまの子はあまり～とクラブ活動をやめかねない。

「油」を使ったほかの表現には「油《あぶら》が切《き》れる（元気・活力がなくなる）」「油《あぶら》を売《う》る（時間をつぶす）」がある。「この魚はアブラが乗ってうまい」のアブラは「脂」のほうを使う。

膿《うみ》を出《だ》す

「膿」が溜まると、経理は不透明に、政治は腐敗し、責任は曖昧になる。

そこで膿となっている弊害を取り除き＝出し、あるべき状態に戻す。

長い停滞から抜け出すには、徹底的に～のが先決である。

大鉈《おおなた》を振《ふ》るう

大幅な改正を行うこと。

固定した予算配分から脱するには～必要がある。

お膳立《ぜんだ》てをする

お膳立ては食膳の準備をすること。転じて、すぐに取りかかれるように準備をすること。

最近の母親は何でもお膳立てをして子どもの自立を遅らせている。

「お膳立てを整える」「お膳立てが揃う」という言い方もある。

尾羽《おは》打《う》ち枯《か》らす

鷹の見事な尾と羽が傷んだりしてみすぼらしくなること、転じて以前はかなり資産をもった人が落ちぶれること。

かつて羽振りのよかった人が、～さまを見るのは忍びがたい。

お百度《ひゃくど》を踏《ふ》む

寺社の境内で拝殿まで百回往復して、その都度祈ると願いが叶うというのが百度参り。表題語は、願いを聞いてもらうために何度も何度も足を運ぶこと。

省庁にいくらお百度を踏んでも、規制の壁で新規参入は不可能に近い。

オブラートに包《つつ》む

昔、キャラメルを買うとひと粒ひと粒がオブラートに包まれていて、それを剝がさずに舌にのせると、淡雪のようにすっと溶けたものである。オブラートは澱粉《でんぷん》でできた薄い膜で、飲みにくい粉薬をそれで包んで飲みやすくした。転じて、「曖昧にする」「真実を覆い隠す」の意味に。

がんのことを聞いても、医者はオブラートに包んだような言い方に終始した。

玩具《おもちゃ》にする

玩具は、子どもが手に持って遊べるようにつくられたもの。また、慰みにもてあそばれる人やもののこと。例文は後者。

あの人は私を玩具にして、そして捨てていった。

河岸《かし》を変《か》える

お酒などを飲んで「もう一軒」というときにこの言葉をよく使う。場所を変えること。河岸は川から船の荷物を陸揚げするところ。飲み屋のカウンターが船着き場の感じ。

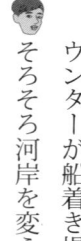

そろそろ河岸を変えて気分も変えよう。

霞《かすみ》を食《く》う

外からは生活の資をどこから稼いでいるかうかがい知れない生き方をいう。

彼は何で生計を立てているのか。まるで霞を食って生きてるようだ。

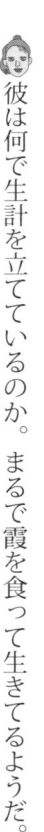

刀折《かたなお》れ矢尽《やつ》きる

持てる武器すべて使いものにならない状態。万策尽きて打つ手なし、の意味。

乗っ取り阻止であらゆる手を使ったが、刀折れ矢尽きて店を明け渡すことになった。

雷《かみなり》が落《お》ちる

「雷を落とす」ともいう。激しい怒り方をするのをいう。以前は地震・雷・火事・親父が怖いもののベスト4とされたが、「雷オヤジ（激しく怒る父親）」はダブルですごく怖い。

昨日は門限を過ぎて帰宅したので、父の雷が落ちた。

起爆剤《きばくざい》になる

ある運動や動きのきっかけになること。

一部将校の発言が起爆剤になって、軍全体の機構改革にまで発展した。

薬《くすり》にしたくてもない

薬は微量で高いという評価である。薬にするほどの量もない、まったくない、の意味。

彼には反省の様子が〜。

薬を使った言葉では「毒《どく》にも薬《くすり》にもならない」がある。害にもならないが、役にも立たないという意味。

鯖《さば》を読《よ》む

自分の利益になるように数をごまかすこと。あるいは単に大雑把《ざっぱ》な予想を立てること。鯖を数えるのによくごまかしたことからという。

私は真剣に言っているのだから、鯖は読まないでくれよ。

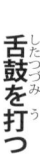

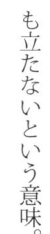

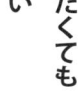

舌鼓《したつづみ》を打《う》つ

「したづつみ」ではなく「したつづみ」である。舌を鳴らして鼓のような音を出すこと。

見事な懐石料理に舌鼓を打った。

「口鼓《くちつづみ》」ともいう。「腹鼓《はらつづみ》」は、お腹いっぱい食べて、お腹を鼓のように打つこと。

堰《せき》を切る

川などの水を溜《た》めたり水量の調節をしたりするのが堰。それを切るとドッと水があふれ出すことから、急で盛んな変化をいう。

気丈な迷子も母親の顔を見たら、堰を切ったように泣き出した。

外堀《そとぼり》を埋《う》める

ある目的を達成するために、遠回しの作戦をとること。

彼を仲間に引き入れるには、まず見返りの額など決めて〜必要がある。

天秤《てんびん》にかける

近年見かけなくなったが、おもりとの釣り合いでものの重さを量るのが天秤である。表題語は「優劣や損得をはかる」ことをいう。

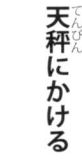

出世と自営を天秤にかけて、彼は自営の道を選んだ。

「両天秤《りょうてんびん》にかける」は片方ではなく両方を得ようとすること。

雪崩《なだれ》を打《う》つ

雪崩の映像を見ると、上からどんどん雪がかぶさってスピードを増すように見える。表題語は雪崩が起こるように、大量の人などが一斉に動くこと。

戦局が自軍に不利とわかると、兵士は〜ように逃げ去った。

生木《なまき》を裂《さ》く

薪はよく乾いたのは断ちやすいが、切ったばかりや生乾きのものは断ちにくいことから、夫婦や恋人などの強い結びつきを裂くこと。

昔は家格を気にして恋人同士を〜ように別れさせたことがあった。

逃《に》がした魚《さかな》は大《おお》きい

「逃げた魚は大きい」ともいう。手に入れ損ねたものは悔しさが加わって、実際よりも大きく思われるということ。

これで君は〜と知った。次回からは期待してるよ。

猫《ねこ》の手《て》も借《か》りたい

忙しいときには猫にでも助けてほしい心境だということ。猫が身近な存在だけに頼りたくなる。

毎朝、五人の子どもを学校に送り出すのに～ほどだ。

馬脚《ばきゃく》を露《あらわ》す

着ぐるみの馬から人の足が見えていること。包み隠していたことがあらわれる。

紳士然としていた彼も、とうとう馬脚を露した。

薄氷《はくひょう》を踏《ふ》む

薄くて割れやすい氷の上を踏むという、非常に危険な状況に臨むこと。

株は投機、～思いをする博打《ばくち》である。

羽《はね》を伸《の》ばす

温泉に浸かって腕を伸ばすと、実際に鳥のように羽を伸ばしているような雰囲気がある。のんびりくつろぐこと。

せっかくのお休みだから、ゆっくり羽を伸ばして帰ってきてください。

火《ひ》に油《あぶら》を注《そそ》ぐ

火に油は当然、燃え盛る。すでに勢いある状態に達しているのに、さらにけしかけることをいう。

嫉妬に狂った彼に、～ようなことを言う者がいた。

檜舞台《ひのきぶたい》を踏《ふ》む

能楽や歌舞伎などの舞台が檜舞台。
自分の実力を披露する場所のこと。

彼は若いころから将来を嘱望《しょくぼう》され、～のも早かった。

船《ふね》を漕《こ》ぐ

座って居眠りすると、そのうち前後に体が揺れてくる。その姿が船の櫓《ろ》や櫂《かい》を漕ぐ様子と似ていることから、表題語は「居眠りする」こと。

田舎のおばあちゃんは食事がすむと、すぐにコタツで船を漕ぎはじめる。

四字熟語で「白河夜船《しらかわよふね》」は「ぐっすり眠って何にも気づかないこと」。京都の話をする者に「いま白河（京都の地名）はどうなっている」とたずねたところ、じつは京都に行ったことがなかったので白河を地名ではなく川の名と思い、「夜船で熟睡していたからわからない」と答えたという話から。

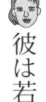

盆《ぼん》と正月《しょうがつ》が一緒《いっしょ》にきた

人が集まって賑やかな様子をいうが、正月はまだしもお盆が賑やかだという感覚はいまもあるのだろうか。

娘三人がそれぞれの子どもを連れてきたので〜ような賑やかさだ。

枕《まくら》を並《なら》べて討《う》ち死《じ》に

同じ場所で大勢が倒れること、転じて全員が同じ目的に達しないこと。

今度の昇進試験はみんな仲良く〜である。

神輿《みこし》を上《あ》げる

腰を上げて仕事に取りかかること。輿と腰が同音の遊びになっている。

そろそろ神輿を上げないと終電に間に合わない。

「神輿《みこし》をすえる」は「どっしり腰をすえる」の意味。

メスを入《い》れる

メスは手術に使う鋭利な刃物。疑いのある部分を厳しく調べること。

いままで暴力団の資金源だった露天商に、警察はやっと〜ことにした。

痩《や》せても枯《か》れても

本来の勢いはないが、神髄は変わらないということ。

三軍といえども〜プロである。打つ走る投げるは素人の数段上だ。

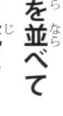

雪《ゆき》を欺《あざむ》く

その白さが雪に引けを取らないほどである。

白雪姫は～白い肌の娘である。

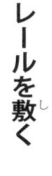

レールを敷《し》く

新しい試みをして、あとの者がやりやすくすること。

彼がレールを敷いてくれたおかげで、この分野の研究にも予算が付くようになった。

5

悪女《あくじょ》の深情《ふかなさ》け

悪女は醜女《しこめ》のこと。醜女は美人に比べて愛情や嫉妬心が深いという。転じて、「ありがた迷惑」。かなりどぎついことをいっている。

奥さんを～と言うけど、こっちにはのろけに聞こえるよ。

あとの祭《まつり》

祭がすんでから山車《だし》を繰り出しても無駄であったことから、手遅れのこと。

いまさらそんなことを言っても～だよ。

ラテン語にも「祭のあと」を意味する「ポスト・フェストゥム」という言葉があるそうだ（木《き》村敏《むらびん》『心の病理を考える』）。

嵐《あらし》の前《まえ》の静《しず》けさ

嵐がやってくるとわかっていると、妙に神経が立って、ちょっとした静けさも予兆に満ちている気がする。そういう緊張感いっぱいの静けさである。

これから因縁の試合が行われる。会場は～である。

いたちごっこ

もともとは子どもの遊びらしい。二人が互いに相手の手の甲をつねって自分の手をその上に重ねて「いたちごっこ、ねずみごっこ」と唱えるという。転じて、同じことをいつまでも繰り返すことをいうが、抜きつ抜かれつの繰り返しである。

新しい法律ができると、すぐ抜け道を考えつく輩《やから》がいて、法律と犯罪は～を繰り返している。

いまにも泣《な》き出《だ》しそうな空《そら》

どんよりとしていつ雨が降り出してもおかしくない空。

～を駆けるように一羽の鳥が渡っていった。

芋蔓式《いもづるしき》

芋の蔓をたぐると、次々と芋が連なって出てくる。そんな調子に、次々とものごとが現れること。

選挙違反で一人が捕まると～に逮捕者が出た。

雨後《うご》の竹《たけ》の子《こ》

雨の降ったあとに竹の子がたくさん生えるように、多数出てくること。

ある曲調が流行ると、～のように同じような曲が出てきた。

鰻《うなぎ》の寝床《ねどこ》

入口が狭く奥が深い造りの家をこういう。

学校の合宿所は～で、四、五〇人の部員が折り重なるように眠る。

ちなみに鰻は淡水に棲《す》むが、卵は深海に産む。

絵《え》に描《か》いた餅《もち》

絵に描いた餅は実際の役には立たない。実現できず計画倒れに終わること。

いくら理想を言っても資金や人材を得なければ〜である。
同じ意味で「画餅《がべい》に帰《き》す」という言い方もある。

おうむ返《がえ》し

おうむはよく人の口移しで言葉を覚える。ただし、工夫なしで、ただ教えたままを返すだけ。
〜に「自由、自由」と言うけど、自由には責任が付随していることを忘れないでほしい。

鬼《おに》に金棒《かなぼう》

ただでさえ強いのに、あるものが付加してさらに強くなるという意味。

横綱は技の上手さに体力が増して、まさに〜である。
寂れた遊園地には大概、鬼の胸のあたりの的にボールが命中すると、ウォーッと声をあげて金棒を持ち上げるゲームが残っていたものだ。人を食っていた鬼も堕落したものである。しかし、「鬼《おに》の目《め》にも涙《なみだ》」のように時折優しさも見せるから、鬼はひと筋縄ではいかない。ほかの鬼関連の言葉では「鬼《おに》の居《い》ぬ間《ま》に洗濯《せんたく》（怖い人がいない間にくつろぐこと）」「鬼《おに》が出《で》るか蛇《じゃ》が出《で》るか（次の事態が予測できないこと）」がある。

鴉《からす》の行水《ぎょうずい》

からすの水浴び時間は短い。同じく、入浴時間の短いこと。

そんなに早くお風呂から出て、まるで〜だね。

缶詰《かんづめ》

ある場所に閉じこもって出ないこと。

流行作家はホテルに〜にされるらしいが、そうでもしないと締切に間に合わないのだろう。

机上《きじょう》の空論《くうろん》

現実を知らずに頭の中で考えただけのものは実際の役に立たない、という意味。科学では机上の空論が先にあって、あとで事実が発見されるということがよくある。

君の言うことはたいてい〜で終わる。

車《くるま》の両輪《りょうりん》

どっちが欠けても用をなさない間柄で、両方が力を合わせて事に当たること。

戦後経済は官民が〜となって推し進めた。

「自転車操業《じてんしゃそうぎょう》」は、漕ぐのをやめると倒れる自転車と同じで、いつ倒産するかわからない状態で仕事を続けること。

毛《け》が生《は》えた程度《ていど》

ほんの少しだけまさっているさま。ほぼ同程度。

今年の予算は昨年の額に～に抑えられた。

犬猿《けんえん》の仲《なか》

犬と猿は仲が悪い。非常に相性が悪いこと。

田中と佐藤は～で有名だ。

子《こ》はかすがい

かすがいは「鎹」と書くが、コの字形の釘で、両端が刺さるようになっている。それで、別の木同士をつなげることができる。つまり夫婦を強く結びつけるもの、それが子どもというわけ。

幼児虐待の報道を見るにつけ、～の言葉はどこへ行ったのかと思う。

雀《すずめ》の涙《なみだ》

すずめが泣いたとしても涙の量は知れている。ほとんどないことのたとえ。

砂《すな》を噛《か》む

今年の昇給は～ほどだった。

無味乾燥で索漠としているたとえ。

大の友人を交通事故で失って、～思いの毎日が続いている。

台風《たいふう》の目《め》

発達した台風の中心は静かだという。半径が一〇キロから四〇キロ。その静かさが騒ぎの中心にある。人物に比して使う。

混沌とした状況で、彼が～になりそうな気配だ。

類語に「渦中《かちゅう》の人《ひと》」というのもある。

立《た》て板《いた》に水《みず》

水は低きに流れるのが決まりだが、立てかけてある板に流すとさらに勢いが増す。そんな調子でペラペラすいすいとしゃべるのをいう。

こと趣味の釣りの話になると、～で話し出す。

月《つき》とスッポン

どっちも形は丸いが、まるで別物。差が大きいことのたとえであるが大胆で秀逸。もとは「月と朱盆」といった。

前作の出来と今回のは～の違いである。

猫《ねこ》に小判《こばん》

いくら貴重なものでも、使いようがなければ宝の持ち腐れである。

事務にコンピュータを導入したが、いまのところ～で持て余し気味である。

「豚《ぶた》に真珠《しんじゅ》」「馬《うま》の耳《みみ》に念仏《ねんぶつ》」などは同種の言葉。「猫《ねこ》にかつお節《ぶし》」は、好物をそばに置くと入れ揚げるからやめたほうがいい、という意味。好きなものをあげなさいという意味ではない。

暖簾《のれん》に腕押《うでお》し

暖簾はいくら押しても抵抗がない。つまり無駄である。

彼にいくら道徳を説いても、～である。

「糠《ぬか》に釘《くぎ》」も同じ意味。

バケツをひっくり返《かえ》したような雨《あめ》

こんな雨が実際にある。

今年は集中豪雨の多い年で～が珍しくない。

雨について古風な言い回しでは「車軸《しゃじく》を流《なが》す雨《あめ》（車軸のように太い雨）」「篠突《しのつ》く雨《あめ》（篠竹を突き立てるような激しい雨）」などがある。「狐《きつね》の嫁入《よめい》り」は日が差しながらの雨である。また西脇順三郎の詩に「（覆された宝石）のやうな朝」という美しい一節がある。

花《はな》より団子《だんご》

見栄えより中身、名誉より現金といった現実主義。あるいは風流とは縁遠いこと。

彼は給料減額で定年延長するより、割増退職金で早目に辞めることにしたらしい。まあ、～の選択だね。

袋《ふくろ》のねずみ

袋に入ったねずみはもう逃げられない。逃げ出すことのできないたとえ。

捜査の網の目を次第に絞って、容疑者はもう～である。

弁慶《べんけい》の泣《な》きどころ

強い武蔵坊弁慶《むさしぼうべんけい》にも唯一の弱点（向こう脛《ずね》）があった。

彼の～は女性社員の管理が苦手だということである。

負《ま》け犬《いぬ》の遠吠《とおぼ》え

「弱い犬ほどよく吠える」というが、これも似たような表現。負けてなお、遠くで虚勢を張っているわけである。

もうその件は解決した。彼がいくら言っても、～にしか聞こえない。

まな板《いた》の上《うえ》の鯉《こい》

あとは料理されるのを待つだけのコイ、つまりジタバタしても始まらないせっぱつまった状況ということ。人間なら運を天に任せて覚悟を決めるところである。

不正が露見した以上、～の心境である。

目白押《めじろお》し

メジロが秋から冬にかけて押し合うようにたくさん並んで枝に止まることから、大人数が混み合って並ぶこと、ものごとが集中してあること。

この秋は興味深い美術展が～である。

元《もと》の木阿弥《もくあみ》

いったん上手くいってももとに戻ること。由来は戦国時代末期にさかのぼる。武将筒井順慶《つついじゅんけい》は豊臣秀吉《とよとみひでよし》と明智光秀《あけちみつひで》の戦いを洞ケ峠《ほらがとうげ》から眺めて、秀吉有利とみて加勢した人物である。その順慶の父順昭《じゅんしょう》は、死に際して子がまだ小さいので、奇妙な遺言を残した。奈良の盲人木阿弥《もくあみ》の声が自分に似ているので、薄暗い部屋に身代わりに寝かせて外来者に応じさせよ、というのである。順昭の死は順慶が大人になって初めて公表された。その後、木阿弥はもとのただの木阿弥に戻った（阿弥は浄土宗や時宗の僧や画工、能役者などの男性信徒の法名）。

時間をかけて育てた人間関係も彼の心ないひと言で〜となった。

藪《やぶ》から棒《ぼう》

だしぬけに、ということ。戦国期の農民が竹槍を持って落ち武者を待ち伏せしているような感じである。「突然」を「藪から棒」と簡潔にイメージした言葉。

君は〜に何を言い出すんだ。

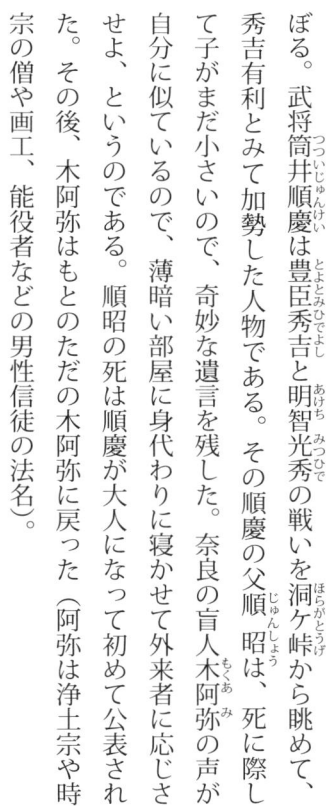

藪を使った表現「藪蛇《やぶへび》」は「藪《やぶ》を突《つ》ついて蛇《へび》を出《だ》す」の略で、余計なことをして、自分に不利な事態になること。

ゆで蛸《だこ》

茹《ゆ》でたタコは赤いので、顔が熱で赤い（心理的な場合もある）ことをいう。

お年寄りは熱いお風呂が好きで、みんな湯船で～みたいになっている。

第五章
人生の教え・知恵をスッキリと言う

□■□　練習問題　□■□

□の穴《あな》から堤《つつみ》も崩《くず》れる

小さい油断が大きな失敗に結びつくという教訓。

答えは280ページ

火中《かちゅう》の□を拾《ひろ》う

自分の利益にならないのに、他人のために危険を冒すこと。

答えは296ページ

人《ひと》を呪《のろ》わば□二《ふた》つ

人を呪い死にさせると、報いは自分にも返ってくる、ということ。

答えは301ページ

□の霍乱《かくらん》

いつも元気な人が病気になること。

答えは355ページ

□□を射《い》る

核心を突くこと。

答えは365ページ

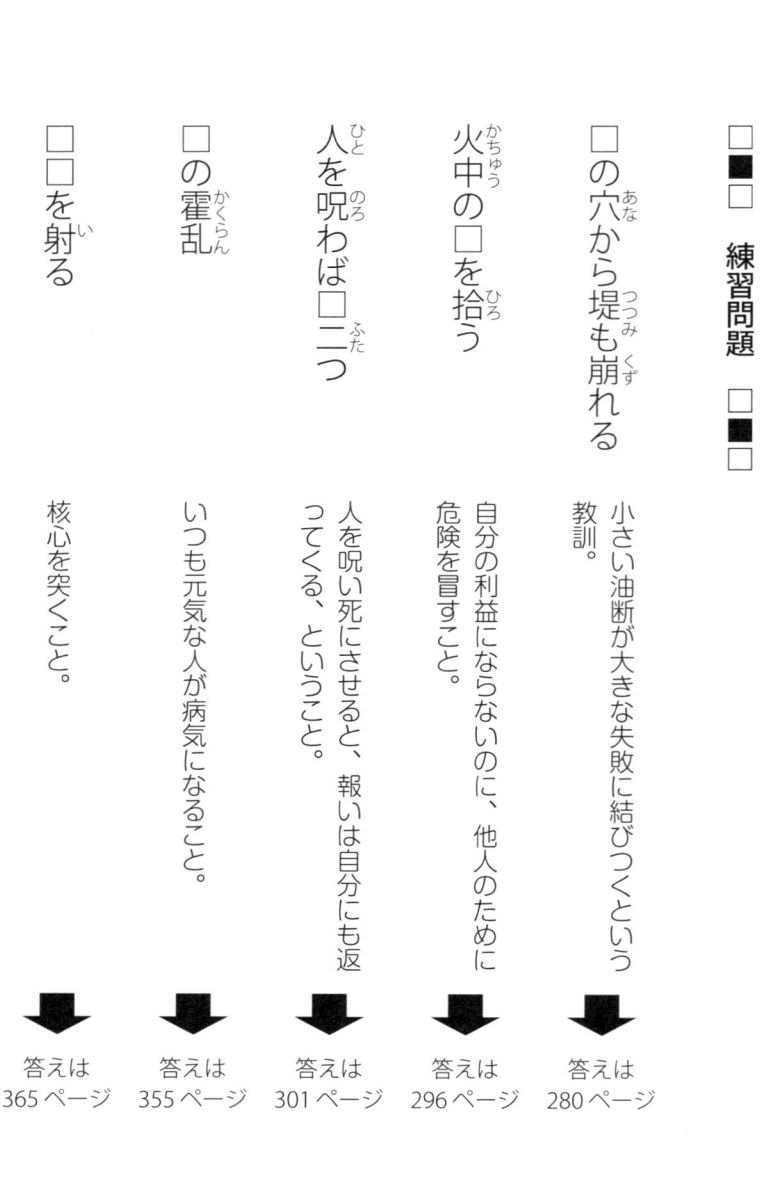

1

あとは野《の》となれ山《やま》となれ

事がすんで、あとはどうなってもいいということを、開き直りの気持ちを込めていった言葉。

彼は国から追われて、～という心境だったのではないだろうか。

氏《うじ》より育《そだ》ち

氏は血統や家柄のこと。そんな遺伝的、生得的なものより環境や教育のほうが人間形成に大事ということ。

民主主義社会は～を重視する社会といえる。

生《う》みの親《おや》より育《そだ》ての親《おや》

子を生むのは難事業だが、育てるのはもっと大仕事である。また、もの心ついてからの経験が親子の愛情を深ませる。つまり、生んでくれた実の親より、育ててくれた親のほうがありがたい、ということ。

ここはふたつ目の会社だが、～と言うように、恩義は前の会社より深く感じている。

売《う》り言葉《ことば》に
買《か》い言葉《ことば》

片方が暴言を吐き、言われた方もそれに暴言で返すこと。

喧嘩の原因は～で応じたためである。

溺《おぼ》れる者《もの》は
藁《わら》をもつかむ

人は困窮して万策尽きた状態では、まったく頼りにならないものにも必死ですがりつく、というたとえ。

～の心境から、彼は敵の懐に飛び込んだ。

勝《か》てば官軍《かんぐん》

勝敗が決まるまでは、お互いが正義を主張する。しかし、戦いが終われば、勝ったほうが正義で、官軍である。リアルな現実だが、割り切れない思いは負けたほうに色濃く残っていく。

～とはいいながら、敗者にはのちのちまで遺恨がある。

金《かね》の切《き》れ目《め》が
縁《えん》の切《き》れ目《め》

どぎつい真理の言葉。金銭でつながっている関係は、金銭がなくなった時点で終わるということ。人と付き合うときも、そういう現実を忘れてはいけないという教え。

金持《かねも》ち喧嘩《けんか》せず

社業が傾くと、〜で、潮が引くように取引先がなくなった。

これは決して金持ちが心に余裕があって喧嘩をしないのではない。喧嘩は結局、損だからしないだけである。

訴訟を起こされても〜で和解金をさっそく支払った。

亀《かめ》の甲《こう》より年《とし》の劫《こう》

「劫」は非常に長い時間のこと。亀の甲羅も確かに長い年月を経たものだが、長年の経験こそ貴重なものだ、との意味。甲と劫で音の遊びをしている。「年の功」ともいう。

〜というじゃない、年寄りの意見は聞いてみるべきだね。

後悔先《こうかいさき》に立《た》たず

してしまったことは、あとから悔やんでも取り返しがつかない、ということ。言い回しはオーバーだが、中身は当たり前のことを言っている。でも、含蓄がある。

いまが大事なとき。〜だから、せいぜい頑張ってほしい。

去《さ》る者《もの》は日々《ひび》に疎《うと》し

親しかった人も、日数が経《た》つうちに疎遠になっていくということ。

～で、あの人からめっきり便りもなくなった。

上手《じょうず》の手《て》から水《みず》が漏《も》れる

いくら上手な人でも失敗することがある。油断めさるな、ということ。

君はこの道一〇年、それでも～というから心して仕事をしてほしい。

畳《たたみ》の上《うえ》の水練《すいれん》

畳の上で泳ぎの練習をする、つまり理屈だけで実際に役立たないことをいう。

彼を早く現場に出すべきだ。いまのままだと畳の上で水練をするようなものだ。

天《てん》は二物《にぶつ》を与《あた》えず

人はふたつの秀でた才能に恵まれることはない。

～というが、彼女はスポーツ万能で頭もいい。

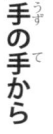

ところ変《か》われば品《しな》変《か》わる

各地で生産物が違うのは当然のこと。

よく〜というが、沖縄の魚はいかにも南国の色をしている。

盗人《ぬすびと》にも三分《さんぶ》の理《り》

「盗みにもそれなりの正当性がある」という意味ではない。盗人でも理屈を言い出せば、ある程度のことは言える、何にでも理屈は立つものだという意味。

〜というが、一度否定された意見に君もよくそこまでこだわるものだ。

残《のこ》り物《もの》には福《ふく》がある

人が取り残したものの中には、思いがけずいいものがある、という意味。

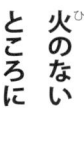

〜と知れば、まず先に人に譲る精神も育ってくる。

火《ひ》のないところに煙《けむり》は立《た》たない

結果のあるところには原因があるということ。

〜というじゃないか、彼女と何かあったんだろ。

覆水盆《ふくすいぼん》に返《かえ》らず

一度、お盆からこぼれた水はもとに戻らない。当たり前のことだが、過ぎたことは取り返しがつかないということ。

彼女とのことは〜で、もうあきらめてはどうか。

三《み》つ子《ご》の魂《たましい》百《ひゃく》まで

幼いころの性格は年を取っても変わらない、ということ。

よく英才児教育は三歳からというが、庶民の知恵も〜と三歳に重点を置いている。

「雀百《すずめひゃく》まで踊《おど》り忘《わす》れず」も同じ意味。

無理《むり》が通《とお》れば道理《どうり》が引《ひ》っ込《こ》む

無理と道理で音の遊びをしている。規則破りが認められると、モラルが落ちる、といったような意味。

知事によっては〜と承知しながら、議会を軽視する。

門前《もんぜん》の小僧《こぞう》習《なら》わぬ経《きょう》を読《よ》む

お寺の前に住んでいれば、わざわざお経を習わなくても、日々読経が聞こえてくるので自然と覚えることになる。つまり環境が人をつくるということ。

プロ棋士は父親や祖父の見よう見まねで始めた人が多い。文字どおり「〜」である。

良薬《りょうやく》は口《くち》に苦《にが》し

いい薬ほど苦い。そこから、自分のためを思ってしてくれる忠告などは、耳に痛いがためになる、という意味もある。

〜というが、先輩の意見もそう思って聞いたらどうか。

老骨《ろうこつ》に鞭打《むちう》つ

骨に鞭を当てる、というのだから、よほど無理する感じである。老いて頑張ること。

私、老骨に鞭打ってこの度も立候補させていただきました。

2

頭《あたま》の上《うえ》の蝿《はえ》を追《お》う

人の心配をしたり、世界の心配をするくらいなら、自分の頭の上のハエを追え、つまり自分のことをしっかりしてからにしろ、ということ。

自分の頭の上の蝿も追えないくせに、世界の民族紛争がどうしたこうしたと言っている。

蟻《あり》の穴《あな》から堤《つつみ》も崩《くず》れる

小さい油断が大きな失敗に結びつくという教訓。同じ意味で「蟻《あり》の一《いっ》穴《けつ》」と短くいう言い方もある。

~たとえもあるから、この開店準備期間は気を引き締めていきましょう。

石《いし》の上《うえ》にも三年《さんねん》

三年も座っていると石も温まるの意味で、忍耐が実を結ぶことをいう。

~というから、この会社でしばらく頑張ってみたらどうかね。

「点滴石《てんてきいし》を穿《うが》つ」も忍耐の格言である。ぽちょんぽちょんとしたたる滴が、いつか石に穴を空けるように、じっと我慢して精進せよという意味。

急《いそ》がば回《まわ》れ

急ぐばかりに手抜きをすると、かえってあとが大変。急いでいるときは遠回りする気分が大事。これも簡潔にして役立つ言葉。

期限が迫っても、逆に~と自分に言い聞かせることが大事である。

嘘《うそ》も方便《ほうべん》

ものごとをスムーズに運ぶには、うそが必要なときもある、ということ。

海老《えび》で鯛《たい》を釣《つ》る

～もいいけど、度が過ぎると信頼をなくしちゃうよ。

エビを餌にしてタイが釣れたら儲けもの。元手が少なくて大きな成果をあげること。

そんなはした金で何ができるというのか。～ような話はやめてくれ。

老《お》いては子《こ》に従《したが》え

老いて意気盛んなのはけっこうだが、若手の芽を潰すようなら〝老醜〟といわれる。年を取ったら何事も子どもに従うのがいい、ということ。

～は、若者から新鮮な情報を集めよということでもある。

老いても素直なタイプとしては「負《お》うた子《こ》に教《おし》えられて浅瀬《あさせ》を渡《わた》る（未熟なものから教えられることもある）」がある。

思《おも》い立《た》ったが吉日《きちじつ》

やろうと決意した日をちょうど日取りのいい日と考えて実行すること。

それはいい考えだ。～というから、今日からでも試してみたらいい。

勝《か》って兜《かぶと》の緒《お》をしめよ

勝ったあとでも兜の紐《ひも》（緒）をほどかず、まだ注意せよと戒めている。戦いで勝ち切ることの難しさ、そして権力を維持し続けることのさらに難しいことよ。

わがチームはベスト3に残ったが、〜の言葉をいまこそ思い出したい。

河童《かっぱ》の川流《かわなが》れ

泳ぎの得意な河童も、ときに溺れることがある、つまり達人にも失敗があるということ。

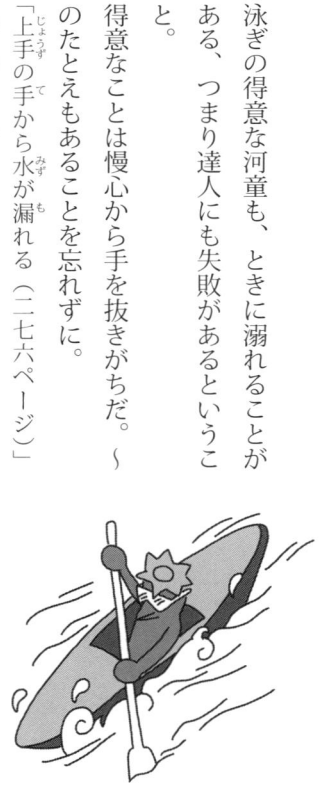

得意なことは慢心から手を抜きがちだ。〜のたとえもあることを忘れずに。

「上手《じょうず》の手《て》から水《みず》が漏《も》れる（二七六ページ）」「猿《さる》も木《き》から落《お》ちる」なども同じ意味。河童はカワワッパの転。四、五歳の子どもの格好で、頭に皿があって水が入っている。それが干上がるまでは地上で活躍できる。ほかの動物を水中に引き入れて、生き血を吸い、お尻から腸を抜くという。芥川龍之介《あくたがわりゅうのすけ》の絵が有名。

壁《かべ》に耳《みみ》あり
障子《しょうじ》に目《め》あり

どこでだれが聞いているかわからない、秘密はとにかく漏れやすい、ということ。

しっ！　大きな声は禁物だよ。～というじゃないか。

マンションなどでは壁はあっても障子はないようなところも多いので、その場合は「障子に目あり」は省略すると自然である。

果報《かほう》は寝《ね》て
待《ま》て

果報は因果応報の省略形。前世の報いとか、いいめぐり合わせの意。幸運は人知を超えたものだから、じっくり到来を待つべし、ということ。

～というけれど、完全に結果が出るまではやはり心配である。

機先《きせん》を制《せい》する

ものごとが起きるその矢先が「機先」。それを制したほうが勝ち、という。

剣道、柔道、どれも～ことが勝ちにつながる。

芸《げい》は身《み》を助《たす》く

仕事ではなくて遊びで覚えたことが身を助けることがあるから、あまりまじめひと筋で生きるのも考えものである、ということ。長寿社会では切実な言葉である。

定年後、～で、彼は撮りためていた仏像の写真展を開いた。

郷《ごう》に入《い》っては郷《ごう》に従《したが》え

土地土地でルールがあるので、その地方に行ったらそれに従えという意味。

海外に旅行する日本人には、～ということを伝えたい。

枯淡《こたん》の境地《きょうち》

さっぱりとしていて、深みのある心境である。悟りの世界。

どうすれば先生のように～になれるものでしょうか。

転《ころ》ばぬ先《さき》の杖《つえ》

備えあれば憂えなし（準備しておけば心配ない）の具体的な表現。

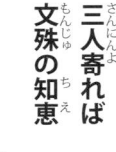

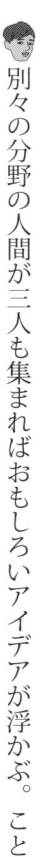

保険は～として欠かせないものになっている。

三人《さんにん》寄《よ》れば文殊《もんじゅ》の知恵《ちえ》

文殊は知恵をつかさどる菩薩のこと。人が三人寄れば、文殊ほどのいい知恵が浮かぶという。

別々の分野の人間が三人も集まればおもしろいアイデアが浮かぶ。ことわざに～というじゃないか。

地獄《じごく》の沙汰《さた》も金次第《かねしだい》

地獄の裁判官は閻魔《えんま》大王で、生前の行いで死者の地獄行き極楽行きを決める。その厳正なはずの審判もお金で左右できるというのである。この世でも金さえあれば何でもできるということのたとえ。

いくらか包んで行ったらどうだ。いくら堅い人間でも～というじゃないか。

閻魔大王はインド神話でいちばん最初に死んだ人間だそうだ。

善《ぜん》は急《いそ》げ

いいことをするのに躊躇《ちゅうちょ》をするな、の意。

お年寄りが電車のドアから入ってくると、～とばかり席を譲る人がいる。

備《そな》えあれば憂《うれ》えなし

準備しておけば心配なし。

～が徹底して日本の貯蓄率は非常に高い。

立《た》つ鳥跡《とりあと》を濁《にご》さず

去る者は後始末をちゃんとしなさいという意味。

～というが、彼の引き際は後腐れがなくて本当に見事だった。

短気《たんき》は損気《そんき》

短気を起こすと結局は自分が損をすることになる、ということ。

～というが、「短気より暢気《のんき》」の言い方はない。

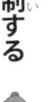

毒《どく》をもって毒《どく》を制《せい》する

毒を除くのに毒を利用すること。

軍拡競争は米ソ両国の～考えが生んだものだ。

「毒をもって毒を攻む」ともいう。

長《なが》いものには巻《ま》かれろ

権力や権勢のあるものには反抗しないで我慢して従ったほうが得、という意味。

～がうちの親父の口癖だった。

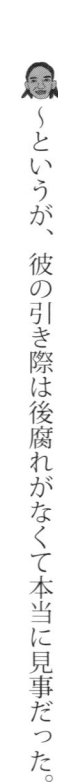

情《なさ》けは人《ひと》のためならず

人に情けをかけておくと、あとで自分にいいことがある、の意味。人に情けをかけるのだが、最終目的は「自分のため」なので「人のためなら

ず」といっているのである。

〜などとあまり功利的なことを考えていると、人間関係を狭くするよ。

勘違いして「情けは人を甘やかして駄目にする」の意味で使う人がいるので要注意。

生兵法《なまびょうほう》は大怪《おおけ》我《が》のもと

未熟な武術で戦うと痛い目にあう。つまり、なまじ知識があるほうが無知よりミスが大きいこともあるということ。

君はせっかちだから何でも未消化のままやってしまうけど、〜だよ。

逃《に》げるが勝《か》ち

逃げて相手に勝ちを譲ったほうが、大局的にはかえって勝利や利益を得ることがある。あるいは、逃げるのが一番という意味。

彼は〜で、大きな痛手を受けずにすんだ。

能《のう》ある鷹《たか》は爪《つめ》を隠《かく》す

才能のある人はそれを隠し、ない人に限って大きく吹聴する。付き合うにも謙遜の人と付き合うべし。

〜で、彼、じつはプリンストン大学を出てるんだ。

人《ひと》を見《み》て法《ほう》を説《と》け

相手にふさわしい働きかけをせよということ。お釈迦様は人によって説き方を変えたらしい。相手に合わせ臨機応変に話し方を変えること。

その言い方では通じない。人を見て法を説くようにしないとダメだよ。

「人」を使った格言はたくさんある。「人《ひと》には添《そ》うてみよ馬《うま》には乗《の》ってみよ（何事も自分で経験しなさい）」「人《ひと》の一生《いっしょう》は重荷《おもに》を負《お》うて遠《とお》き道《みち》を行《ゆ》くがごとし（人生は長く、苦しいことが多いので、辛抱強く努力して進むことが大切）」「人《ひと》のふり見《み》て我《わ》がふり直《なお》せ（他人の性格や行動を見て、自分の行いを反省し、改めなさい）」「人《ひと》を射《い》んとせばまず馬《うま》を射《い》よ（敵を屈服させたり、人を自分の意に従わせたりするには、周辺から攻めるのが早道）」「人《ひと》は見《み》かけによらぬもの（人の能力や性格は、見た目だけでは判断できない）」など。

下手《へた》な鉄砲《てっぽう》も数撃《かずう》ちゃ当《あ》たる

下手でも数多く撃てばまぐれ当たりすることがある。おみくじで大吉を当てるコツは、大吉が出るまで引き続けることと同じ。

いろいろなキャンペーンに応募して、当たるのはひとつかふたつ。〜の典型だね。

寄《よ》らば大樹《たいじゅ》の陰《かげ》

雨が降り出しても、木の陰はしばらく安全である。葉っぱが雨を防いでくれるからである。それが大きな木になれば、もっと心強い。転じて、保守的な心のあり方をいう。

厚生施設や老後を考えると、～で大企業有利と思っていたが、大企業だとて明日が知れない時代である。

論《ろん》より証拠《しょうこ》

議論するより証拠によってものごとは明らかになる、ということ。

～で、当事者に会うのが先決である。

3

雨降《あめふ》って地《じ》固《かた》まる

変事（雨のこと）があってこそ、前より基礎が固まるの意味。

夫婦の危機をくぐり抜けて、～というふうになればいいのだが。

結婚式当日が雨の日の定番のセリフである。

ある時払《ときばら》いの催促《さいそく》なし

理想的な借金である。催促なし、しかもお金が貯まった時点で払えばいい。

長年の付き合いに頼って〜で借金を申し込んだ。

命《いのち》あっての物種《ものだね》

物種は物のもととなるもの。命があって、初めて何ごともなしえる。命がなくなればおしまいだ、という意味。

一人で紛争地帯へ行くなんて〜だよ。
「命《いのち》は物種《ものだね》」ともいう。

魚心《うおごころ》あれば水心《みずごころ》

魚に水と親しむ心があれば、水もそれに応じる心をもつ。そこから、こちらが好意をもてば、相手もそれに応える、という意味。

言葉が通じない国でも、〜で親切には親切を返してくれるものだよ。
「水心《みずごころ》あれば魚心《うおごころ》」ともいう。また「水魚《すいぎょ》の交《まじ》わり」は親密な交際のこと。

得手《えて》に帆《ほ》を揚《あ》げる

得意とすることを発揮するチャンスが到来し、待ってましたと調子に乗ること。

彼は得手に帆を揚げて進んで、後戻りできない事態にしてしまった。

「得手《えて》に帆柱《ほばしら》」「得手《えて》に帆《ほ》をかける」ともいう。

九死《きゅうし》に一生《いっしょう》を得《え》る

九死は九分《くぶ》死んでいる状態。一分《いちぶ》の可能性から生還すること。

彼はエアーバッグのおかげで九死に一生を得た。

細工《さいく》は流流《りゅうりゅう》仕上《しあ》げをご覧《ろう》じろ

流々はものごとの仕方、方法のこと。細工はいろいろとしてあるから、あとは仕上げを楽しみにしてくれ、という意味。

「でき具合はどう?」「〜ってとこだな」

人生意《じんせいい》気《き》に感《かん》ず

「功名たれかまた論ぜん」と続く。「金や名誉のためにするのではない、人は相手の気性の潔さに感動して動くものだ」という意味。

入社以来、人生意気に感じてやってきたが、ここ最近、会社の冷たい対応に嫌気がさした。

好《す》きこそものの上手《じょうず》なれ

「知は性のたしなむところに出ず」、すなわちものごとを理解する能力は、そのことを好み、熱中して行っているうちに自然と身につくこと。

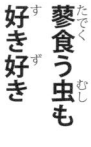

彼は小さいころからラジオを分解したり、ものをいじるのが大好きだった。～で、やがて独創的な製品を生み出す会社を起こした。

住《す》めば都《みやこ》

どんなところでも住み慣れれば楽しいものだ、の意味。ものすごい辺鄙《へんぴ》なところに住んでも、楽しければ都。

～とはよくいったもので、この地のよさもようやくわかってきた。

蓼《たで》食《く》う虫《むし》も好《す》き好《ず》き

タデの葉や茎には辛みと苦みがある。それでも好んで食う虫もいるのだから、好みはまちまちである。

いくら～といっても、あんな男と結婚するなんて、A子にも困ったもんだ。

「あばたもえくぼ」のニュアンスに近い。谷崎潤一郎《たにざきじゅんいちろう》の作品に『蓼喰《たでく》ふ虫《むし》』がある。

敵《てき》に塩《しお》を送《おく》る

戦国武将、武田信玄《たけだしんげん》の軍が、駿河《するが》の今川《いまがわ》氏に塩を止められて苦境に陥ったときに、信玄の宿敵である上杉謙信《うえすぎけんしん》が助けたとされることから、苦境の敵を助けること。

その協定案はまるで~ようなものだ。

一説に、信玄が松本の小笠原《おがさわら》氏の塩を絶ち、謙信がその小笠原氏に塩を送ったともいう。歴史は常に書き換えられる。

鳶《とび》が鷹《たか》を生《う》む

平凡な親から優秀な人間が生まれること。「お子さん、立派でいらっしゃること」と褒められて、「鳶が鷹を生んだようなものです」と謙遜するのにも使うが、子どもが優秀であることは否定していない。相手の子を褒めるつもりで使うと親をとび扱いすることになるので使えない。

あそこの子が立派な大学に入ったんだって。失礼だけど~実例だね。

濡《ぬ》れ手《て》で粟《あわ》

濡れた手には粟が簡単にくっつくことから、労せずして儲けること。

株が一本調子で上がっているときは~の思いをした人が多い。

掃《は》きだめに鶴《つる》

掃きだめはごみ捨て場のこと。そんな汚いところにも優美なつるがいる、というのである。不釣り合いな環境に、たまに優秀な人が現れることのたとえ。女性にいうことが多い。

佐藤さんはここのオフィスで〜って感じだよね。なにしろ周りはみんなむさくるしいおじさんばかりだもんね。

夫婦喧嘩《ふうふげんか》は犬《いぬ》も食《く》わない

夫婦喧嘩は犬さえ気にとめない。夫婦喧嘩は他人が仲裁するものではない、ということ。

〜といいながら、七〇、八〇になってもまだやってるから不思議である。

馬子《まご》にも衣装《いしょう》

馬を引く職業の人も、立派な衣装を着れば立派に見えるという意味。馬子はよほど汚い格好をしていたのだろうか。

ふだん背広を着ない人も、〜で立派に見える。

類《るい》は友《とも》を呼《よ》ぶ

何事につけ、似かよった者どうしが自然に集まる、という意味。

〜というが本当だ。秀才の彼には優秀な取り巻きができた。

「類は友をもって集まる」ともいう。

渡《わた》りに船《ふね》

川を渡りたいなと思ったときに船があったというわけである。困っていたり望んでいたりするときにちょうど都合がいい、という意味。

候補者調整が一向に進まないときに、彼の立候補声明は～と歓迎された。

4 帯《おび》に短《みじか》し襷《たすき》に長《なが》し

帯と襷の長さ比べは「帯∨襷」である。帯にも襷にもならない長さ、つまり中途半端のこと。

彼はいいものをもっているが、我が社には～という感じだな。

火中《かちゅう》の栗《くり》を拾《ひろ》う

自分の利益にならないのに、他人のために危険を冒すこと。

ふだんの言動からあえて～はめになった。

枯《か》れ木《き》も山《やま》のにぎわい

つまらないものでも、ないよりはまし。役に立たない者でもいないよりまし、という意味。

こんな私ですが、～といいますから、ちょっと顔出ししようかな。

つまり、年上の人に、「今度の会合、～といいますから、ぜひ出席してください」は間違いで、非常に失礼な言い方である。

そうは問屋《とんや》が卸《おろ》さない

思惑どおりにはいかない、の意味。そんなに安い値段では問屋が卸売りをしない、元値を切ってまで売るわけにはいかない、というのが本来の意味。

あなたの計算では大儲《もう》けだけど、～。

旅《たび》の恥《はじ》は掻《か》き捨《す》て

旅先では顔見知りがいないから、恥をかいてもその場限りである、という意味。

~とばかりローマの寺院の壁に落書きして顰蹙《ひんしゅく》を買った一団があった。

敵《てき》は本能寺《ほんのうじ》にあり

明智光秀《あけちみつひで》は毛利《もうり》勢を討つと言いながら、途中で織田信長《おだのぶなが》のいる本能寺に進路を変えた。真の目的は向かう方向ではなく別のところにあるということ。

今度の新製品はA社がターゲットと言われているが、じつは~でB社が本当の標的である。

灯台下暗《とうだいもとくら》し

この灯台は燭台（室内の照明器具）のこと。当然のごとく足もとは暗い。手近なところにかえって盲点があるということ。

思わぬアイデアは~で、往々にしていままで培ってきた技術のなかに隠されている。

毒《どく》を食《く》らわば皿《さら》まで

いったん悪に手を染めたからには、最後まで悪に徹するということ。

始めはほんのできごころ。二回目からは~の心境にどんどんはまってしまった。

取《と》らぬ狸《たぬき》の皮算用《かわざんよう》

単に「皮算用」ともいう。算用は計算すること。たぬきを捕らえないうちから皮の計算をしている、つまり自分のものでもないのに、その気になって計画を立てること。

〜はやめて、もっと地道に稼いだらどうだ。

たぬきの皮は防寒用に使われる。

団栗《どんぐり》の背比《せいくら》べ

ドングリの大きさにそうばらつきがないというのが前提である。否定的に使うことが多く、「そんなの大した差がないよ」のニュアンスである。

あなた方の争いは〜みたいなもので、全然、発展性がない。

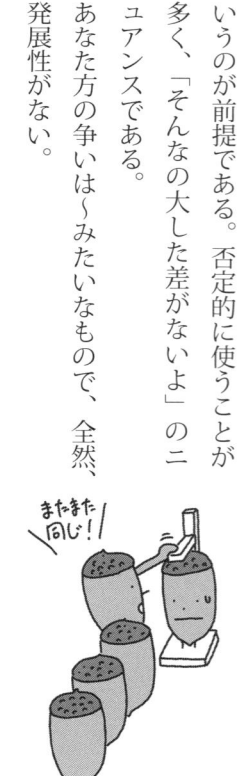

飛《と》んで火《ひ》に入《い》る夏《なつ》の虫《むし》

自ら進んで危険や災難に飛び込んでいくこと。

おまわりが待ち構えているところで、わざわざスピード違反さ。これが

～というやつだ。

泣《な》き(っ)面《つら》に蜂《はち》

何かの理由で泣いているところにまたハチが襲う。不幸は重なるものだという意味。

火事のあとに地震で、～もいいところだ。

大騒ぎのことは「蜂《はち》の巣《す》をつついたよう」という。「虻蜂取《あぶはちと》らず」は「二兎《にと》を追《お》う者《もの》は一兎《いっと》をも得《え》ず（同時にふたつのことをしようとする人は、どちらも得られない）」と同意。

なくて七癖《ななくせ》

人には多かれ少なかれ、それぞれ癖があるということ。少なくて七つ、多いと四八あるという。表題語は「な」と「く」の音の遊びである。

あなたは自分では気がつかないだろうけど、気が緩むとすぐ貧乏ゆすりが出る癖がある。～というけれど、なるべく気をつけたほうがいいね。

盗人《ぬすびと》に追《お》い銭《せん》

盗みに入られてものをとられ、さらにお金もやってしまうこと。損に損を重ねること。

火事に遭って逃げ出したら、その隙に泥棒が入った。～みたいな話である。

映画の寅さんシリーズ第四作目『新・男はつらいよ』（一九七〇年）にこの成句そのままの設定がある。

庇《ひさし》を貸《か》して母屋《おもや》を取《と》られる

庇は玄関の上などに張り出した小さな覆いのこと。そこを好意で貸したら家の本体を取られたという意味。温情で助けた相手が、こちらの存在を危うくするまでになること。

ことわざにいう～が現実にあるのである。

企業の歴史を見ると、子会社がいつしか親会社を凌駕《りょうが》してしまうことがよくある。

人《ひと》の噂《うわさ》も七五日《しちじゅうごにち》

七五日は二カ月半、それくらいで人の噂も立ち消えになるということ。

～というから、じっと我慢していればそのうちにほとぼりが冷める。

七五日というと、「初物《はつもの》を食べると七五日長生きする」という俗説がある。

人《ひと》を呪《のろ》わば穴《あな》二《ふた》つ

人を呪い死にさせると、報いは自分にも返ってきて、結局、死体を埋める穴はふたつ必要になるという怖い話。人を呪うような邪《よこしま》なことをしてはいけない。

君の無念はよくわかる。しかし、～というじゃないか。自分の将来のことだけを考えたらどうか。

貧乏暇《びんぼうひま》なし

貧乏人は生活に追われて暇がないという意味。

「景気はいかがですか？」「～です」

下手《へた》の考《かんが》え休《やす》むに似《に》たり

名案など浮かぶはずもないのに、思案に暮れていると無駄に時間が経つばかり。それは考えているんじゃなくて休んでいるだけだ、というわけ。

とにかく電話の一本でも入れてみろよ。～というだろ。

坊主《ぼうず》憎《にく》けりゃ袈裟《けさ》まで憎《にく》い

人を憎むと、その人にまつわるものは何でも憎くなるという意味。

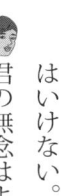

夫婦喧嘩が高じて、～で旦那の持ち物を全部、外に放ってしまった。

仏《ほとけ》作《つく》って魂《たましい》入《い》れず

けっこうしゃれた言葉で、仏像を作ったけど魂を入れ忘れたというのである。詰めの甘さをいう言葉だが、形だけ作って中身がしっかりしていない場合にも使っている。

どこの自治体も美術館ブームだが、～のケースが多いのでは。

仏《ほとけ》の顔《かお》も三度《さんど》まで

まるで仏様のように優しい人でも、三度までひどい仕打ちをされると怒り出す、ということ。

～っていうでしょ、吉田さんには常々ご迷惑をおかけしているんだから、たまに菓子折でも持ってご挨拶に行かないとダメよ。

骨折《ほねお》り損《ぞん》のくたびれ儲《もう》け

苦労して手に入ったのは「くたびれ」だけ。自棄《やけ》になった感じが「くたびれ儲け」の皮肉な言い方に出ている。

この夏のイベントは雨にたたられて～に終わった。

「ざるに水《みず》を入《い》れる」「権兵衛《ごんべえ》ごんにゃく辛労《しんど》が利《り》」ともいう。

安物買《やすものか》いの銭失《ぜにうしな》い

ケチって安いものを買うと、あとで嫌気がさして使わなくなったり、すぐ故障したりで、結局、損な買い物になるということ。

いいものを買って使い込む時代だよ。君のは～っていうんだよ。

5

愛別離苦《あいべつりく》

愛する者と生き別れ、死に別れする苦しみ。

中国残留孤児たちは～を味わわされた人たちである。

曖昧模糊《あいまいもこ》

曖昧も模糊も、はっきりしないこと。

彼に決断を仰ぐと、いつも～とした返事しか返ってこない。

青息吐息《あおいきといき》

青い顔をして、困り果ててため息をつく感じが出た言葉。

母親の病状が一向によくならず、彼は毎日、～で会社に出かけている。

悪口雑言《あっこうぞうごん》

さまざまに悪口を言うこと。

阿鼻叫喚《あびきょうかん》

彼らは裏に回ると上司に〜の限りを尽くした。

「阿鼻」は八大地獄の中で一番苛酷なところ。つまり大悪を犯した者がここで苦しむことになる。「叫喚」はその泣き声。

民族紛争は殺戮《さつりく》の仕返しとなり、〜の様相を呈した。

阿諛追従《あゆついしょう》

「阿」は「おもねる」、「諛」は「へつらう」こと。全体で、お世辞を言ってへつらうこと。

晩年は〜の輩ばかりを周りに集めて、世間が見えなくなった。

暗中模索《あんちゅうもさく》

暗闇の中で手探りで探すこと、つまり見通しは立たないが、それでも突破口を求めて懸命に努力すること。

わが社は画期的な技術を求めて、すでに三年、〜を続けている。

唯唯諾諾《いいだくだく》

少しも逆らわずに、言いなりになること。

見ていて情けなくなるほど、彼は上司に〜と従っていた。

意《い》気《き》軒《けん》昂《こう》

元気で意気盛んなこと。

最近のご老人は背中もピンとして、大変〜である。

意《い》気《き》投《とう》合《ごう》

互いの気持ちや考えがぴったり一致すること。

二人で〜して始めた事業が、ようやく軌道に乗ってきた。

異《い》口《く》同《どう》音《おん》

人が違っても言うことは同じ。

不思議なことに宇宙に行った人たちは〜に〝神〟に言及する。

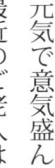

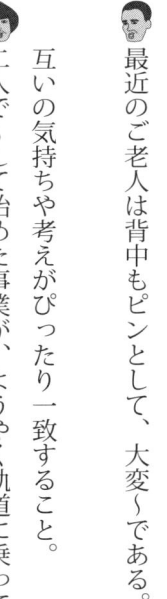

以《い》心《しん》伝《でん》心《しん》

もともと禅語で「言葉では表せない悟りや真理を心から心へ伝えること」の意味だった。そこから「無言のうちに互いの心が通じること」をいうようになった。

何十年一緒にいる夫婦でも〜とはいかないものだ。

一《いち》意《い》専《せん》心《しん》

「一意」も「専心」も「集中すること」。

この度の拝命でさらに～することを誓います。

一衣帯水《いちいたいすい》

ひと筋の帯のような狭い幅の河川や海峡をいい、それくらい近接していることや関係が密接であることをいう。

日本と韓国は～の関係である。

一期一会《いちごいちえ》

日本人の好きな言葉である。一生に一度しか会わないような不思議な縁をいうが、通俗的には、今日会った人も明日には不帰の人となる可能性がある。とすれば出会いはすべて一生に一度きりのものと考えて大切にしたい、という解釈である。

我々はお客様第一、～の精神で接したい。

一念発起《いちねんほっき》

ひたすら仏教の教えに集中して信仰の道を決断すること。転じて、何かをやり遂げようと決心すること。

あんなにサボっていたのに、～して彼は大学進学を決めた。

一病息災《いちびょうそくさい》

何かひとつ病気をもっているほうが、それと上手く付き合って身体を大事にするので、かえって健康に暮らせるということ。人生の知恵である。

いつのころからか～が一般の健康観として認知されるようになった。

ちなみに「無病息災《むびょうそくさい》」という言葉もある。

一網打尽《いちもうだじん》

網を一度打って魚を取り尽くすこと。一度に一味全員を捕えること。

たしかな情報から、麻薬組織は～となった。

一蓮托生《いちれんたくしょう》

極楽浄土で同じ蓮華の上に生まれることをいう。ロマンティックである。転じて、進退・行動を共にすること。どちらかというと、マイナスのイメージである。

彼が断罪された以上は、あの人も～のはずである。

一気呵成《いっきかせい》

ものごとを一気に成し遂げること。

秀吉の軍は～に攻め上った。

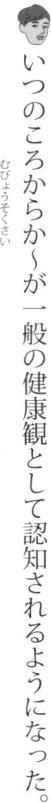

一気通貫《いっきつうかん》

麻雀で同種の牌《ぱい(はい)》が一から九までそろうこと。転じて、最初から最後まで同じ取り組みをすること。

あの店は～した客対応ができる。

一騎当千《いっきとうせん》

一人で一〇〇〇人を相手にするほどの力がある。

若いときには～の覇気が必要だ。

一視同仁《いっしどうじん》

差別なく一様に仁愛を施すこと。

～は、言うは易しいが行うに難しい。

一瀉千里《いっしゃせんり》

川の水は一度流れ出すと、千里を行く。転じて、ものごとが急速にはかどる、また文章やスピーチによどみがないこと。

全員の力で引っ越しは～に終わった。

彼は～に戦国武将の戦いのさまを語り終えた。

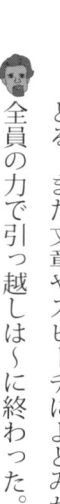

一触即発《いっしょくそくはつ》

ちょっと触れただけで爆発するほど緊迫した状態。

一世《いっせ》一代《いちだい》

過激派のテロの応酬で、両国は〜の状況である。

「一世」も「一代」も「一生」のこと。一生に一度という意味。覚悟を決めたときなどに使う。

あとがないと知って、彼は〜の大芝居を打った。

一石二鳥《いっせきにちょう》

石を一個投げて、鳥二羽を得ること。

賭け事のいいのは、時間潰しできるのと実入りがあることで、〜である。

「一挙両得《いっきょりょうとく》」ともいう。しかし、賭け事で負けると、潰した時間がもったいないし、お金も他人の懐に収まってしまう。つまり「二兎《にと》を追《お》う者《もの》は一兎《いっと》をも得《え》ず（二九九ページ）」で終わる。

一知半解《いっちはんかい》

なまかじりで、知識が十分に自分のものになっていない。

あの人に〜で立ち向かっても歯が立たない。

「半可通《はんかつう》」ともいう。

一刀両断《いっとうりょうだん》

読んで字のごとく、ひと太刀でふたつに断つこと。決断の素早さもいう。

彼はその難しい一件を～のもとに解決した。

慇懃《いんぎん》**無**《ぶ》**礼**《れい》

外側は丁寧だが、中身は無礼。丁寧にされるほど中身の尊大な感じが見えすいてくる人は、たしかにいる。

マナーは～になると台無しである。

因循姑息《いんじゅんこそく》

「その場しのぎ」のことをいう。

政治家はいつも秘書を悪者にするなど～な手段で逃げ延びる。

隠忍自重《いんにんじちょう》

じっと我慢して軽率な行動をしないようにすること。

ある件で責任を問われて、いましばらくは～の生活である。

有《う》**為**《い》**転変**《てんぺん》

万事が常に変化してやまないこと。「有為」は、この現実のこと。さまざまな因縁によって現在の事象はあり、それは刻々と変化していると仏教では考える。

～は世の習いというが、それでも変わらぬものを求めて人は生きている。

右顧左眄《うこさべん》

周りの情勢が気になって決断できないこと。

この期に及んでも～して断を下さない。

内股膏薬《うちまたごうやく》

定見、節操がなく、そのとき次第であっちについたりこっちについたりすること。膏薬は動物性の膏《あぶら》を練ったもので、紙片や布片に塗って内股（太ももの内側）に貼ると、動作の度にあちこちにくっつくことから。

ずっと～を貼ったような生き方をしてきた人は、自分の意見をすぐ引っ込める。

運否天賦《うんぷてんぷ》

運命を天にまかせること。

同じ条件で生死が分かれるのは～としかいいようがない。

円満具足《えんまんぐそく》

すべて事足りていること。

年金で～の生活を送れる世代が羨ましい。

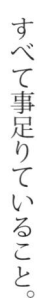

岡目八目《おかめはちもく》

「おか」は脇、第三者のこと。碁をやっている当人より、脇で見ている人のほうがずっと先が見えるということ。碁では実力差に応じてハンデを付けるが、それを一目《いちもく》とか二目《にもく》と呼ぶ。

自分のことはまるっきり客観的に見られないが、友人の君のことは～でよくわかるから、アドバイスもできると思うよ。

温故知新《おんこちしん》

「温」には「たずねる」の意味がある。古きをたずね新しきを知ること。あるいは古いものをずっと心に温めて、新しいことを考えること。

歴史に学ぶ姿勢も～のひとつである。

開口一番《かいこういちばん》

口を開くとすぐに、の意味。

先生は～、ある生徒の不祥事を持ち出した。

開高健《かいこうたけし》の本に『開口閉口』というのがある。

快刀乱麻《かいとうらんま》

「快刀乱麻を断つ」が正式で、よく切れる刀はもつれた麻さえ切る。転じて、もつれたものごとを鮮やかに解きほぐすこと。

今回は彼の～の働きで大事に至らないですんだ。

臥薪嘗胆《がしんしょうたん》

片方の王は固い薪《まき》の上に寝て、もう片方の王は苦い胆《きも》を嘗《な》めて、お互いに復讐心を絶やさないようにしたという故事から、将来の成功のために辛い経験に耐えること。

世の中全体がマイルドになって～という言葉も使われなくなってきた。

花鳥風月《かちょうふうげつ》

「自然の美しさ」とか「風流」の意味。

都市に住んでいると～を愛《め》でることも少なくなる。

隔靴掻痒《かっかそうよう》

靴の上から痒《かゆ》いところを掻《か》く――非常にじれったいことのたとえ。

今度のリストラ策は穏便に過ぎて、～の感がある。

合従連衡《がっしょうれんこう》

従は縦と同じ。中国の戦国時代、タテ（従―南北）に並んだ六カ国が連合して秦に対抗しようとした方策が「合従」、その方策が破れて秦と一カ国ずつヨコ（衡―東西）に同盟を結んで延命を図ろうとしたのが「連衡」である。強敵に対抗するに、さまざまな方策をめぐらすこと。

与党は政権維持のために恥も外聞も捨てて～を繰り返した。

我田引水《がでんいんすい》

自分の田に水を引くのは、我欲のなせるわざである。自分の都合のいいように論議を引っ張っていくこと。

今度のＰＴＡ会長は～の癖があるから、気をつけたいところです。

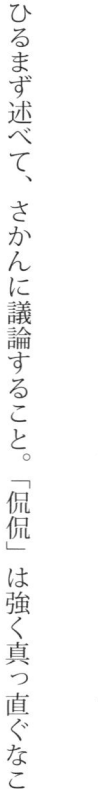

侃侃諤諤《かんかんがくがく》

ひるまず述べて、さかんに議論すること。「侃侃」は強く真っ直ぐなこと、「諤諤」ははばかることなくありのままを直言すること。

～の議論の結果が、何の取りえもない報告書にまとめられることがよくある。

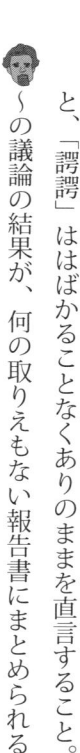

眼高手低《がんこうしゅてい》

批評は上手いが、実際に創作させると下手であること。

若いときに～はわからないでもないが、いい年になってそれでは困る。
「着眼大局《ちゃくがんたいきょく》　着手小局《ちゃくしゅしょうきょく》」は、視野は大きく、手段は細心に、の意味。

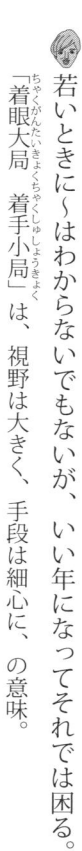

換骨奪胎《かんこつだったい》

骨を取り換え、胎《こぶくろ》を奪って使う。そこから古人の詩文を改作して新しく自分なりの作をつくること。転じて、要点をとらえて簡略化すること。

彼は難しい哲学理論を～してやさしく説くのが上手い。

玩物喪志《がんぶつそうし》

無用なものを愛玩して、本来の志を失うこと。真に学ぶべきことや学問の本質を見失うこと。

骨董品は人を～に誘う魅力をもっているようだ。

閑話休題《かんわきゅうだい》

「無駄話はさておいて、本題に戻ると」というときに使う便利な言葉で、昔の作家はよく使った。文章語である。

～、そのとき彼はこう言ったのだそうだ。

気宇壮大《きうそうだい》

「気宇」は気がまえのこと。心意気、度量などが人並外れて大きいこと。

あの人は昔から～なことを言う癖があった。

危《き》機《き》一髪《いっぱつ》

髪の毛一本ほどの差で危機から逃れることをいう。かなり際どく危ない状況である。

スパイ映画はスリルとサスペンスが売り物。〜をかいくぐる主人公が、なんといってもスマートである。

危急《ききゅう》存亡《そんぼう》

危険が迫って生き死にの問題になること。

日本経済は石油ショック、円高と〜のときを乗り越えてきた。

起《き》死《し》回生《かいせい》

いまにも死にそうな人が生き返ること。絶望的なものごとを立て直すこと。

ここで〜の策がないと、うちのチームの存続が危ない。

旗《き》幟《し》鮮明《せんめい》

「旗じるし」をはっきりとさせること。意見や主張をきちんと打ち出すこと。

選挙は候補者が自分の意見を〜にしてこそおもしろくなる。

起承転結《きしょうてんけつ》

漢詩、とくに絶句（四句で五言あるいは七言からなる）の構成をいう。「起」で詩のイメージを立て、「承」で承《う》けて、「転」でイメージを飛躍させ、「結」で収める。そこから、物事の順序をいう。

彼のスピーチは～があって人を飽きさせない。

疑心暗鬼《ぎしんあんき》

「疑心暗鬼を生ず」が正式の形。心が疑いに支配されると、何でもないものにも鬼の姿を見るということ。枯れ尾花を幽霊と見るのと同じ心理。

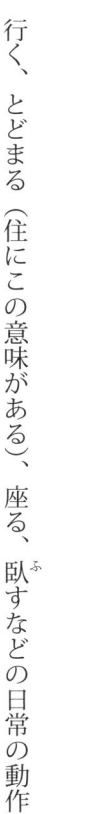

一度失敗したからといって、そう～になることもない。

気息奄奄《きそくえんえん》

息も絶えだえでいまにも死にそうな様子。

山の遭難事故で助かった人が、記者会見で～の様子で答えていた。

行住座臥《ぎょうじゅうざが》

行く、とどまる（住にこの意味がある）、座る、臥《ふ》すなどの日常の動作をまとめていう言葉。転じて、「ふだん」「日常」の意味に。禅の言葉である。

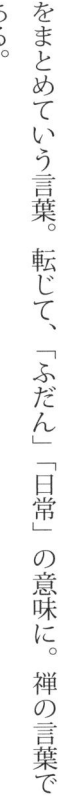

マナーが本当に身につくには～の振る舞いが大事である。

驚天動地《きょうてんどうち》

天を驚かし地を動かす、すなわちビッグニュース、大事件である。

彼が発表した理論は当時の学界で～の騒ぎを巻き起こした。

虚虚実実《きょきょじつじつ》

互いに策略や手段を尽くして戦うこと、また相手の腹を読み合うことについてもいう。

選挙戦は終盤に入って～の駆け引きになった。

江戸時代の浄瑠璃・歌舞伎作者である近松門左衛門《ちかまつもんざえもん》の芸術論に「虚実被膜《きょじつひにく》」の説がある。芸は虚と実のすれすれの間にあってこそ真となるというもの。

曲学阿世《きょくがくあせい》

真理を曲げた説で世の中に迎合すること。「阿」は「おもねる」である。

時の権力者に都合のいいレポートを書く～の徒があとを絶たない。

虚心坦懐《きょしんたんかい》

先入観がなくさっぱりした心境。「坦」は「広い」とか「大きい」の意味。

事態が複雑になるほどに～に模様を眺める必要がある。

毀誉褒貶《きよほうへん》

難しい読み方の言葉だが、けっこう使われる言葉。毀と貶は「けなす」こと、誉と褒は「ほめる」こと。両方の評価があるということ。

彼のやったことは～があって評価が定まらない。

機略縦横《きりゃくじゅうおう》

機略は臨機応変の策略のこと。それを自在に繰り出せること。

彼はリーダーとなって～の才を発揮した。

金科玉条《きんかぎょくじょう》

この上なく大切にして従うべき決まり。金や玉のように立派な法律。転じて、自分の主張・立場の拠りどころ。

彼は常に攻めることだけを～にしていた。

欣喜雀躍《きんきじゃくやく》

欣喜は非常に喜ぶこと。雀躍は雀のように小躍りするさま。

いい知らせに～する。

金城湯池《きんじょうとうち》

金で作った頑丈な城と熱湯の堀。ほかから侵略しにくい場所のこと。

空中楼閣《くうちゅうろうかく》

ある政治家は運輸業界を自らの～とした。

根拠のない架空のものごと。空中に立派な建物は建てられない。建ったとしたら幻、というわけ。

バブル期に株の売買に走った企業は、～を建てたことに気づかなかった。

「砂上《さじょう》の楼閣《ろうかく》」も似たような脆《もろ》さである。

空理空論《くうりくうろん》

現実性や実現性のない理論のこと。

机上で～をもてあそぶうちに事態は取り返しのつかないものになった。

軽挙妄動《けいきょもうどう》

軽はずみで向こう見ずの行動。

若者と～は同義語みたいなものである。

軽佻浮薄《けいちょうふはく》

軽薄に関連する言葉をみんな集めたような四字熟語である。「佻」は軽いとか薄いとか浅はかということ。

文化は爛熟《らんじゅく》すると、一方で～の気分も漂ってくる。

牽強付会《けんきょうふかい》

「牽強」は「こじつけ」である。表題語は、自分の都合のいいように理屈をこじつけること。

選挙の敗戦の理由を後援会のせいにするのは～である。

言行一致《げんこういっち》

言うことと行うことが一致していること。

昨今は～の人間が極端に少ない。

「不言実行《ふげんじっこう》」とか「知行合一《ちこうごういつ》」（真の知は実行を前提にし、知と行は不即不離のものという陽明学の考え方）とか、日本には言葉や知識だけでは信用しない風土がある。

乾坤一擲《けんこんいってき》

乾と坤は易《えき》の卦《け》で天と地を示す。一擲は「ひとなげ」。運命を懸けて勝負をすること。

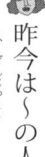

とうとう思い余って～の振る舞いに出た。

ちなみに科学者のアインシュタインは「神はサイコロ遊びはしない」と言い、自然界に偶然はないと主張した。またフランスの詩人マラルメに『骰子《とうし》一擲《いってき》』という詩集がある。

捲土重来《けんどちょうらい》

一度敗れた者が、土埃《ぼこり》を上げて再びやってくること。つまり敗者復活である。

日本映画が息を吹き返した。まさに〜である。

堅忍不抜《けんにんふばつ》

しっかりと耐え忍び、心が動揺しないこと。

〜の兵隊のはずが雪崩を打って敵の軍門に下った。

権謀術数《けんぼうじゅっすう》

権謀も術数も「はかりごと」で、マキャベリズム（目的達成のためには手段を選ばず、策略の限りを尽くすこと）のこと。

恋に狂った男は〜を尽くして女の心を得ようとした。

行雲流水《こううんりゅうすい》

雲や水のごとく執着せず、自然にまかせて行動する。

俳人、種田《たねだ》山頭火《さんとうか》は〜の身となって山河を経《へ》めぐった。

厚顔無恥《こうがんむち》

厚顔はそのままの意味で面の皮が厚いこと。表題語は厚かましくて恥知らずのこと。

立ちション、タバコの投げ捨ては〜のやることだ。

巧言令色《こうげんれいしょく》

論語には「巧言令色鮮《すくな》し仁《じん》」とある。表題語は、上手い言葉や取り繕《つくろ》った顔のこと。「令」には「よくする」の意味がある。

いい年をして〜に惑わされるな。

荒唐無稽《こうとうむけい》

「荒唐」はでたらめなこと。「稽」は考え。表題語は、大変でたらめなこと。

一般公募では専門家の思いつかない〜なアイデアが多数集まった。

甲論乙駁《こうろんおつばく》

甲が言うと乙が反論する。互いに意見を言い合うこと、あるいは異論が出すぎて収拾がつかないこと。

選挙区の区割りでは〜で意見の取りまとめはできなかった。

呉越同舟《ごえつどうしゅう》

敵対する同士が同じところにいること。また、いざというときには共通の困難や利害のために協力し合うこと。

まったく意見の違う二人が壇上に並ぶ。これこそ〜だ。

虎視眈眈《こしたんたん》

眈眈は虎などの獲物を狙う鋭い目つき、虎視も同じ。形勢をよく見てチャンスをうかがうことをいう。獲物を狙う動物はみんな虎視眈眈である。

彼は現在の地位を若いころから〜と狙っていた。

後生大事《ごしょうだいじ》

生まれ変わるあとの世を考えて、いまの世で最善を尽くすこと。転じて、ものを非常に大事にすること。

そんなガラクタを〜に持ってても一文にもならない。

「後生《ごしょう》だから」は「お願いだから」の意味。

故事来歴《こじらいれき》

古くから伝わっているものごとの由来や歴史のことである。

寺僧はおもむろに寺に伝わる鐘の〜を語り出した。

鼓腹撃壌《こふくげきじょう》

満腹で腹鼓《はらつづみ》を打ち、喜んで大地を叩いて歌う。平安を満喫すること。

酒が入り管弦が鳴って～の気分があふれた。

西脇順三郎《にしわきじゅんざぶろう》に『壌歌《じょうか》』という詩集がある。

五里霧中《ごりむちゅう》

深い霧に方向を失うこと。転じて、迷って方針の立たないこと。「五里霧」は五里四方の霧の意味。

新製品が頭打ちで、わが社は～の状態である。

五里四方に霧をわかせるのは道教の術。

才気煥発《さいきかんぱつ》

才能が外に現れること。「煥」は光り輝く様子である。

あれほど～だった人も、やがて自分のヒット作を真似るようになる。

山紫水明《さんしすいめい》

美しい山や川の形容。

日本の風土をいうのに～はぴったりだ。

自画自賛《じがじさん》

自分の描いた絵に自分で賛（文章）を書くこと。手前味噌。

自《じ》家《か》撞《どう》着《ちゃく》

「これは余人のなしえない絵だ」と彼は〜した。

「自家」は自分のこと、「撞着」は前後矛盾すること。一人の人間の中で矛盾があること。

四《し》苦《く》八《はっ》苦《く》

人の意見に流されてばかりで、〜に陥った。

生老病死《しょうろうびょうし》の四苦と愛別離苦《あいべつりく》、怨憎会苦《おんぞうえく》、求不得苦《ぐふとっく》、五陰盛苦《ごおんじょうく》の四苦をあわせたもの。

自《じ》業《ごう》自《じ》得《とく》

彼が途中で仕事を投げ出したので、あとを補うのに〜した。

自分の行いの結果は自分で引き受けること。悪い行いのことが多い。

彼の孤立は〜と言わざるをえない。

獅《し》子《し》奮《ふん》迅《じん》

獅子が奮い立つこと、転じて勢いが盛んなこと。

中でもひ弱に見える彼が〜の働きをした。

自《じ》縄《じょう》自《じ》縛《ばく》

自分で自分を縄で縛る、つまり言動が自分の責任に返ってきて動きがとれないこと。

彼を〜したのは他人の力を借りないという言葉だった。

志《し》操《そう》堅《けん》固《ご》

志操は固い志のこと、それがさらに堅固なのである。

逆境にあっても〜な人はいずれ大成するだろう。

揣《し》摩《ま》臆《おく》測《そく》

「揣」は「はかる」こと、「摩」は「なでる」こと。当てずっぽう、当て推量。

派閥内の政権委譲が上手くいっていないのではと〜がさかんに流れる。

四《し》面《めん》楚《そ》歌《か》

周りはみんな敵、という意味。紀元前二〇〇年頃の中国で、楚の項羽が漢軍に囲まれた。漢軍の高祖は自軍に楚の歌を歌わせて項羽を驚かした。項羽は自軍が漢軍に下ったかと驚き嘆いたという。

消極派の彼は〜の状況となった。

杓子定規《しゃくしじょうぎ》

杓子は味噌汁などをよそう「お玉」のこと。その柄は曲がっていて定規にはできないのに、無理に使おうとする融通のなさをいう。

先生の言葉だからといってあまり～に考えると、独創的なアイデアが出てこない。

主客転倒《しゅかくてんとう》

中心になるものと付け足しみたいなものが逆転すること。

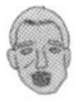攻めているはずが、いつの間にか敵に囲まれていた。まさに～である。

酒池肉林《しゅちにくりん》

お酒がたっぷりあって池のよう、木に肉をかけて林のよう。豪華な酒宴のこと。

言葉で～は知っていても、どのくらいの豪華さなのか庶民には想像もつかない。

春風駘蕩《しゅんぷうたいとう》

春の風がのんびりと吹くのどかな様子。与謝蕪村《よさぶそん》の俳句「春の海終日《ひねもす》のたりのたりかな」に通じる語感がある。

水墨画には～とした風景が描かれることが多い。

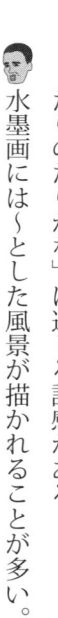

蕪村には春の秀句が多い。「遅き日のつもりて遠き昔かな」「春雨や小磯の小貝ぬるるほど」「行く春やおもたき琵琶の抱きごころ」など。

淳風美俗《じゅんぷうびぞく》

「淳」は飾り気がなく人情に厚いこと。表題語は、そういう人情に厚い善良な風俗のこと。

かつては見知らぬ人にも会釈を交わす〜があった。

順風満帆《じゅんぷうまんぱん》

帆が追い風をはらんでいっぱいに膨らんだ状態である。順調に前進するのはもちろんである。

いまは〜と見えるが、それまでになるには苦難の歴史だった。

上意下達《じょういかたつ》

上位者の意思や命令を下に伝えること。下意上達《かいじょうたつ》はその反対。

軍隊は〜の命令系統で成り立っている。

枝葉末節《しようまっせつ》

枝葉も末節（木の末のほうの節《ふし》）も木の幹（主要なもの）からすればどうでもいいこと。根幹を忘れた些細なこと。

いつまでも〜にこだわっていると全体計画は遅れるばかりだ。

支《し》離《り》滅《めつ》裂《れつ》

よく使う言葉である。「支離」はばらばらになること。表題語は、筋が立たずめちゃくちゃのこと。

彼の言うことはたいてい〜である。

心《しん》機《き》一《いっ》転《てん》

「機」は働きのこと。表題語は、あるきっかけで気持ちを切り替えること。

祖父は因習の強い日本を見限って、〜ブラジルへ渡った。

神《しん》出《しゅつ》鬼《き》没《ぼつ》

鬼神は場所を定めず、たちまち現れてはたちまち消えるらしい。そのように行動が自由で、居場所の予測がつかないこと。

ゲリラは〜で、政府軍を困らせている。

信《しん》賞《しょう》必《ひつ》罰《ばつ》

「信」は「必」と同じ意味。功があれば必ず賞を与え、罪があれば必ず罰すること。賞罰のけじめをきっちりすること。

鎌倉幕府は武士の〜に明け暮れた政権でもある。

針小棒大《しんしょうぼうだい》

針ほどの小さなものを棒の大きさに吹聴すること。大げさ、誇張、ほら。

実力のないやつほど自分の実績を〜に言う。

酔生夢死《すいせいむし》

無駄に一生を過ごすことをズバリといった言葉。酒に酔ったり夢見たりの心境で暮らすこと。

働きバチから見れば、〜は理想に見えるのではなかろうか。

晴耕雨読《せいこううどく》

晴れては耕し雨天には読書をする文人の理想の生活。

自然から離れて我々に〜の慣習がなくなった。

切歯扼腕《せっしやくわん》

歯を食いしばり、腕を強く握りしめて、悔しがること。

母校のラグビー部が決勝で負けて、みんなで〜した。

浅学非才《せんがくひさい》

学問が浅く才能がないこと。

申し訳ありませんが、～でとてもその話はお受けできません。
松尾《まつお》芭蕉《ばしょう》は「幻住庵記《げんじゅうあんのき》」に「つひに無能無才にしてこの一筋につながる」という言葉を遺している。

千載一遇《せんざいいちぐう》

千載は千歳とも書く。つまり一〇〇〇年のこと。一〇〇〇年に一度しかないような状態。

ここでお会いできるなんて、～のチャンスですから、ぜひお時間をください。

先憂後楽《せんゆうこうらく》

人より先に憂え、人よりあとに楽しむ。上に立つ者の心がけをいう。先に憂えばあとで楽しみがある、という意味ではない。

監督業は～でないと務まらない。

粗衣粗食《そいそしょく》

粗末な衣服に粗末な食事。簡素な生活をいう。

成育期の～の風が残って、大成してからも簡素な生活をする人がいる。
「粗餐《そさん》」は食事をすすめるときに謙遜していう。

率先垂範《そっせんすいはん》

人の先に立って手本を示すこと。

リーダーたる者、～を常に心がけるべきである。

大義《たいぎ》名分《めいぶん》

本来「人として行うべきこと」をいう。ただ現在では、この言葉は「人を説得するに足るだけの理由」ぐらいに軽くなっている。

～がないと、料金アップはできない。

丁丁発止《ちょうちょうはっし》

丁丁はものを続けて打つ高い音、発止も堅いもの同士が勢いよく当たる音。四字で、刀などで互いに打ち合う音あるいはその様子。

定例の会議で、ライバル視される二人の部長が～とやり合った。

朝令暮改《ちょうれいぼかい》

朝に出した命令を夕には改めること、定まった方針がないこと。よく使われる言葉である。

上層部の～に社員はいらいらを募らせた。

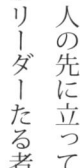

直情径行《ちょくじょうけいこう》

「径」は直と同じく真っ直ぐのこと。表題語は相手かまわず自分の思うとおり行動すること。

この課は~のタイプばかり集まっているからバランスが悪い。

珍味佳肴《ちんみかこう》

珍しい食べ物に、いい肴《さかな》。肴は「酒菜」で「酒のおかず」のこと。

ひなびた土地で~に出合うのが旅の楽しみのひとつだ。

適材適所《てきざいてきしょ》

必要な人材を必要なポジションにつけること。

今度の異動は~が上手くいったほうだ。

天衣無縫《てんいむほう》

もともとは天人の着物には縫い目がないように、優れた詩歌・文章には技巧をこらした跡がないことから、自然で完璧なこと。あるいは天真爛漫《てんしんらんまん》、純真無垢《じゅんしんむく》、ときに破天荒のこと。

版画家の棟方志功《むなかたしこう》や山下清《やましたきよし》は~の人だった。

天網恢恢《てんもうかいかい》

『老子』の言葉「天網恢恢疎《そ》にして漏《も》らさず」の略。恢恢は「大きく包み入れるさま」。天の網は大きくて目も粗いが悪事は逃さない。

上手くやったつもりでも、~疎にして漏らさずで、いずれ露見するはずだ。

当意即妙《とういそくみょう》

その場に応じて機転を利かせること。

演者と観衆で~のやりとりがあった。

同工異曲《どうこういきょく》

音楽や詩文で技法は同じでも味わいが違うものをいう。まったく逆の意味で、外見は違っても、内容が似たりよったりなこともいう。後者の例が多いのではないだろうか。例文もそれに沿っている。

博覧会のパビリオンの中身はどれも~のものばかりだった。

同床異夢《どうしょういむ》

環境が同じなのに見る夢が違う。仲間や友達でも考えていることが違うことをいう。

仲のいいグループでも~は必然と知っておくべきである。

徒《と》手《しゅ》空拳《くうけん》

「徒手」も「空拳」も手に何も持っていないこと。無一物の状態である。

創業者は～から身を起こした。

内柔外剛《ないじゅうがいごう》

内面は弱いのに外に向かっては強く出ること。

経済制裁を科されてA国は～の策に出た。

内憂外患《ないゆうがいかん》

内部に「憂い」、外部に「患い」がある状態。気が気でない状態である。

内に社員の離反、外に製品のボイコットと～が続いている。

二《に》律背反《りつはいはん》

antinomy（アンチノミー）の訳語。カントの代表的用語でもある。ひとつのことの中に相反する要素がふたつともある場合である。

彼には経営の冷徹な才と作家の奔放な才が～のように巣くっている。

破顔一笑《はがんいっしょう》

「破顔」は微笑《ほほえ》むこと、「一笑」は軽い笑い。文字の見た目は突然、大声でパッと笑うような印象のある言葉である。

赤ん坊の～に若いお母さんたちの心労も解けていく。

博引旁証《はくいんぼうしょう》

広く例を引き、証拠をあげること。

古今、～で鳴る学者がいる。

馬耳東風《ばじとうふう》

馬の耳に東の風が吹きすぎる、とはなんと詩的なイメージであろう。意味はごく散文的で、人の意見を聞き流すこと。

中には貴重な意見もあるはずなのに、彼は傲慢にも～の様子だった。

八面六臂《はちめんろっぴ》

一人で多方面の、あるいは何人分もの働きをしてみせること。

彼の～の活躍でわがチームに優勝旗がもたらされた。

罵詈讒謗《ばりざんぼう》

罵詈も讒謗も、ののしること。音がバリにザンにボウとすごい。難しい漢字だが、この言葉はいまでも使われている。きっとその音のせいである。

彼は～を浴びても、顔色ひとつ変えなかった。

美辞麗句《びじれいく》

辞も句も言葉のこと。表題語は言葉だけを飾って真実味がないこと。

来賓《らいひん》の挨拶は相変わらず〜が続いた。

美人薄命《びじんはくめい》

美人は病気などで短命なことが多いという。

彼の奥さん、きれいな人だったけど、三〇歳ちょっとで亡くなったそうだ。〜とはよくいったものだね。

「佳人薄命《かじんはくめい》」という言い方もある。佳人は美人のこと。

眉目秀麗《びもくしゅうれい》

顔かたちがきりりと美しいこと。

佐々木小次郎《ささきこじろう》というと、すぐ竿のように長い剣と〜を思いつく。

百尺竿頭《ひゃくしゃくかんとう》

「百尺竿頭に一歩を進む」の言い方をする。百尺の竿の先からまた一歩を進める、高い地点からさらに上を目指すこと。

名人・達人とは〜に一歩を進めた人のことをいう。

百家争鳴《ひゃっかそうめい》

「家」は一家言をもつ人、あるいは学者のこと。多くの学者、いろんな

百鬼夜行《ひゃっきやこう》

人が活発に議論を戦わせること。

中央政府が〜をあおって、危険思想をあぶり出した。

多くの妖怪が夜に徘徊すること。つまり多くの人が奇怪・不正の行為をすること。

戦後すぐは法治国家の体《てい》をなさず〜の世となった。

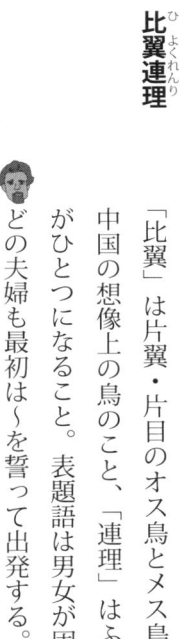

比翼連理《ひよくれんり》

「比翼」は片翼・片目のオス鳥とメス鳥が常に並んで一体となり飛ぶ、中国の想像上の鳥のこと、「連理」はふたつの木の枝がくっついて木目がひとつになること。表題語は男女が固く契りあうこと。

どの夫婦も最初は〜を誓って出発する。

不易流行《ふえきりゅうこう》

基本のものと時代の変化・流行はどちらも俳諧に必要という芭蕉の説から。

芸術家と名が付いて〜を目指さない者などいるのだろうか。

松尾芭蕉の門人、向井《むかい》去来《きょらい》の俳論『去来抄《きょらいしょう》』に「不易を知らざれば基《もとゐ》立ちがたく、流行を弁《わきま》へざれば風《ふう》あらたならず」の言葉がある。

不倶戴天《ふぐたいてん》

倶《とも》に天を戴《いただ》かず＝同じ空の下には居たくない＝それほど憎いということ。

少年マンガにはよく〜の敵と戦うストーリーがある。

不得要領《ふとくようりょう》

要領をえない、理解が不十分なこと。

息子の〜の話に業を煮やして喧嘩相手の子の家に直談判《じかだんぱん》に出かけた。

付和雷同《ふわらいどう》

自分の意見がなく、人の言うことにすぐ同調すること。雷が鳴ると、すべてがそれに反応することから。

今回の騒動は〜した人間が起こしたもので、中心人物はいなかったようだ。

傍若無人《ぼうじゃくぶじん》

そばに人がいないようなつもりの乱暴な勝手し放題。

有名になるほどに〜の振る舞いが目立つようになった。

無為徒食《むいとしょく》

何も仕事をしないで無駄食いをすること。

欧米では失業率が上がって町に～の若者が目立つようになった。

無欲恬淡《むよくてんたん》

無欲でものごとに執着しないこと。

出家者がみんな～かというと、決してそんなことはない。

明鏡止水《めいきょうしすい》

「止水」は流れないで澄んでいる水をいう。表題語は心に曇りがない状態をいう。

いくら心を落ち着けようとしても～の心境からは遠かった。

明眸皓歯《めいぼうこうし》

明るい瞳に白い歯といえば美人のこと。

彼女は～の言葉そのままの人だ。

面従腹背《めんじゅうふくはい》

表面は従順なふりをしながら、心の中では背くこと。

もう金輪際、～の輩とはビジネスをしない。

夜郎自大《やろうじだい》

「夜郎」は中国西南に住んでいた部族で勢力を誇った。しかし漢帝国には比べようもない。自分の力量もわからず威張ること。「自大」は尊大のこと。

いずれ〜の人間は淘汰《とうた》されることになる。

悠悠自適《ゆうゆうじてき》

ゆっくりゆったり何ものにも束縛されず生きること。これは得がたい境地である。

定年後は〜に暮らしたいと誰もが思っている。

油断大敵《ゆだんたいてき》

一九七三年、第一次石油危機（オイルショック）で日本中は大騒ぎだった。深夜放送がなくなり、町の灯が消え、このまま暗い時代に入っていくのではないかという不安が日本を覆った。油断は、王の臣下で油の容器を奉持する者がそれをこぼして、命を絶たれたことからきた言葉という。やはり油断は大敵である。

野球は最後の打者がアウトにならないと終わりにならない。それまでは〜である。

羊頭狗肉《ようとうくにく》

看板に羊の頭を掲げながら、実際には狗《いぬ》の肉を出す、つまり見かけだおしのこと。狗の肉を食べないわけではないが、羊のほうが上等なのである。

新党が政策研究と称してズラッと有識者を並べたが、～に終わらないことを期待しよう。

離合集散《りごうしゅうさん》

離合も集散も反対語の組み合わせ。離れたり合わさったり、集まったり散ったりと定めないことをいう。

昨日の野党と与党がくっつくなど、政界は～を繰り返している。

竜頭蛇尾《りゅうとうだび》

頭が竜でしっぽが蛇、つまり始めは勢いがあるが、あとは尻すぼみということ。

多くのイベントは～に終わるが、ここの催しだけは終わりに近づくほどに盛り上がりを見せてきた。

臨機応変《りんきおうへん》

チャンスに臨んで、変化に応じて対処すること。

政治とは詰まるところ～の才のことである。

論功行賞《ろんこうこうしょう》

「論功」は手柄の順位を話し合って決めること、「行賞」は賞を与えること。実績、貢献度などで顕彰すること。

選挙に勝って、内閣改造で露骨な～が行われた。

和魂洋才《わこんようさい》

魂は日本で、知識・学問はヨーロッパ製ということ。

日本は明治以降、～でやってきた。

和魂漢才《わこんかんさい》からの造語。

6

秋《あき》の日《ひ》は釣瓶《つるべ》落《お》とし

釣瓶は井戸の水を汲《く》み上げる桶《おけ》のこと。手放すと素速く落下する。秋の夕日は、そんな速さで沈むということ。自然を鮮やかにとらえた表現。

～だから、早目に帰っておいで。

江戸時代の俳人、加賀千代女《かがのちよじょ》に「朝顔に釣瓶とられてもらひ水」の句がある。釣瓶に絡んだ朝顔を切ってしまうに忍びなく、隣人から水をもらった、というのである。

隗《かい》より始《はじ》めよ

王が天下の賢人を集めようとしたとき、隗は「まず自分のような凡人から優遇せよ」と進言した。そうすれば賢人は自然と集まってくるというのである。遠大な計画は身近なところから着手せよ、転じて「まず自分自身から始めよ」の意味である。

彼は～で、虚礼廃止の意味で自ら盆暮れの贈答をやめた。

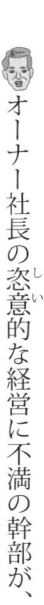

鼎《かなえ》の軽重《けいちょう》を問《と》う

鼎は三本の脚の付いた煮物用の青銅器。王位や権威の象徴ともされる。

中国の故事で、ある国の王に宝物として伝わる鼎の重さや大きさを、敵対する国の王が尋ねた。それが権威を侮辱したことになり、ひいては侵略の意図があることを示す結果となった。転じて、ある人の実力を疑い、その地位を奪おうとすること。

オーナー社長の恣意《しい》的な経営に不満の幹部が、とうとう～ようになった。

画竜点睛《がりょうてんせい》を欠《か》く

竜を描いて最後に目に瞳（睛）を入れないと仕上げにならない。そういう急所を外すことをいう。

今度の人事でただひとつ画竜点睛を欠いたのは、Aさんが抜擢されなかったことだ。

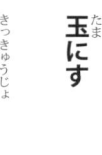

眼光紙背《がんこうしはい》に徹《てっ》する

文章の表面の意味だけではなく、裏に隠されたものまで見抜くこと。「行間を読む」の上のランク。

学者は～ような資料の読み巧者じゃないと一流ではない。

艱難汝《かんなんなんじ》を玉《たま》にす

苦難は人を磨き立派な人物にするということ。

～というが、幼児期の経験はハッピーであるに越したことはない。

鞠躬如《きっきゅうじょ》として

身をかがめて畏れ慎むこと。

ご主人様に彼は～仕え、心から自足している。

牛耳《ぎゅうじ》を執《と》る

ある団体や党派を支配すること。昔、諸侯が盟約を交わすために、牛の耳を裂いて、血をすすり合ったことが背景にある。

かの宗教団体の牛耳を執っているのは、じつはある地方の豪商である。

九仞《きゅうじん》の功《こう》を一簣《いっき》に虧《か》く

九仞は二一メートル強。非常に高いことをいう。土を盛って高い山を築いても、最後の簣（モッコ）一杯の土がなければ、完成しないことから、長年の努力も最後の手違いから失敗に終わるということ。

知事が進めた湾岸プロジェクトは、～ものだった。

窮鼠猫《きゅうそねこ》を噛《か》む

追い詰められたねずみは逆襲に転じて猫を噛む。あまり深追いするな、という教え。

～のたとえどおり、あの小さな会社、土壇場で反撃に出たそうだ。

君子《くんし》危《あや》うきに近寄《ちかよ》らず

君子は賢明な人だから危険には近寄らない。

彼は～で決してあの一派には近づかなかった。

7

君子《くんし》は豹変《ひょうへん》す

君子は徳の高い立派な人。豹変は、豹の皮の斑紋が季節で一変することから、間違っていると思ったらすぐに訂正すること。

～の言葉があるように、自分の非を認めるに躊躇《ちゅうちょ》してはいけない。

最近は逆に、立派な人も急に道理を捨てて過ちを犯すことがある、と誤解する人がいるが、本来の解釈のほうが味がある。

謦咳《けいがい》に接《せっ》する

謦も咳も「せき」である。そのせきの音が聞こえるほど近くまで接する、というので、人にまみえるという意味。

行動経済学を専攻する教授の謦咳に接して、私のその後の進路が決まった。

好事《こうじ》魔《ま》多《おお》し

「こうじ・ま」である。「いいことには邪魔が入りやすい」という意味。いいことばかりは続かないので、「魔多し」と唱えて浮つく気分を冷ますのである。

課長昇進おめでとう。でも〜というからしばらくは気をつけたがいいよ。

後生《こうせい》畏《おそ》るべし

年下といって馬鹿にするが、後年、どんな人物に成長するかわからない。だから、後生（後輩）は大事にせよということ。

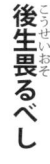

あのぼーっとしていた後輩が、いまや大会社の社長である。〜とはよくいったものだ。

三界《さんがい》に家《いえ》なし

三つの世界とは仏教でいう「欲界、色界、無色界」のこと。どこにも安住の場所がないということ。

本来は女性に関していう言葉であった。

親を早くに亡くし、離縁もされて、彼女は〜といっていい。

小異《しょうい》を捨《す》てて大同《だいどう》につく

細かい違いは無視して大勢の意見に従うこと。

～は政治家の好きな言葉、裏を返せば都合のいい言葉である。

「大同小異《だいどうしょうい》」は、おおよそは同じで細かいところが違うときにいう。

深更《しんこう》に及《およ》ぶ

夜更けまでかかること。

与野党の協議は深更にまで及んだ。

清濁併《せいだくあわ》せ呑《の》む

心が広く善でも悪でも分け隔てなく受け入れること。

ある地位につけば、～ことも必要である。

梅檀《せんだん》は双葉《ふたば》より芳《かんば》し

梅檀は若芽のころから匂いが芳しい。それと同じで、大成する人は若いころから頭角を現すということ。

さすが小林さんのお子さん、みごと名門中学に入られたそうです。～とはよくいったものです。

角《つの》を矯《た》めて牛《うし》を殺《ころ》す

矯めるは曲がっているのを真っ直ぐにしたり、真っ直ぐを曲げたりすること。牛の角を真っ直ぐにすると牛が死んでしまう。欠点を直すつもりが本体を駄目にしてしまうこと。

子どもに礼儀を教えると言いながら、それぞれの個性を見ないようでは〜結果になりかねない。

同病《どうびょう》相憐《あいあわ》れむ

同じ病気であれば悩みも共通で、思いやりも深くなる。

彼らはどちらも会社内で冷や飯を食ったことがあって、〜ところがあるのか、じつにいいコンビで仕事をしている。

顰《ひそ》みにならう

顰みは眉をしかめること。表題語は、真似て何でもすること。中国の故事で、美人の西施《せいし》が病気になって眉をしかめたら余計に美しく見えたので、女官たちが真似たことから。

彼はA先輩を大いに尊敬し、その顰みにならって、どんなことでもする。

松尾芭蕉に「象潟《きさかた》や雨に西施がねぶの花」という句がある。

水《みず》は方円《ほうえん》の器《うつわ》に従《したが》う

水は容器で形を変える（「方」は四角、「円」は丸）。同じく人は環境で善悪のいずれにもなりうるということ。

～という。君も友だち付き合いは心したほうがいいよ。

孟母《もうぼ》三遷《さんせん》の教《おし》え

中国春秋戦国時代の儒学者、孟子《もうし》の母は最初に墓所の近くに、次は町の近くに、最後に学校の近くに引っ越しをした。孟子が葬式のマネや商売ごっこばかりしたからである。教育には環境がいかに大切かということである。

越境入学は現代版～の実践である。

門前雀羅《もんぜんじゃくら》を張《は》る

人の訪れもなく門前にすずめが群れをなし、網を張って捕えることができるくらい静かである。落ちぶれてくもの巣の張った家に住むようなものか。

かつての問屋街も規制緩和の波で～ようになった。

病膏肓《やまいこうこう》に入《い》る

膏は心臓の下部、肓は胸の上の薄い膜。ここが侵されると治りにくいことから、ものごとに夢中になってほかを顧みないほどになること。

彼のラジコン好きも病膏肓に入って、一機数十万円もするのを買っている。

幽明境《ゆうめいさかい》を異《こと》にする

「ゆうめい・さかいを」と読む。死んだ人は冥土へ、ほかは現世に残り、境界ができること。

長く一緒にやってきたが、残念ながら~ことになった。悔しい限りだ。

8

悪事千里《あくじせんり》を行《い》く／走《はし》る

いい噂はなかなか広まらないが、悪い噂はすぐ遠くまで知られる。

~が、いくら努力してもいい評判はなかなか立ってくれない。

案《あん》ずるより産《う》むが易《やす》し

実行してみると心配していたほどではないことが多い。実践のすすめである。

〜で初のスキーは上々の出来だった。

一日千秋《いちじつせんしゅう》の思《おも》い

千秋は一〇〇〇年ぐらいの長い時間。一日がそれほどの長さに感じられるということ。

牢獄に入った人は〜で刑期の終わるのを待つのだろう。

一頭地《いっとうち》を抜《ぬ》く

「頭ひとつ抜きんでる」の意味。「いっとう・ちをぬく」と読む。

彼の才能は若いときから一頭地を抜いていた。

一敗地《いっぱいち》にまみれる

再起できないほど負けることをいう。「いっぱい・ちにまみれる」という区切り方である。

あのチームは一敗地にまみれたように見えて、必ず立ち直ってくるから不思議だ。

衣鉢《いはつ》を伝《つた》える

「衣鉢」は宗教や芸術で師が伝える奥義のこと。もとは法を継いだ証拠に師僧が贈った袈裟《けさ》と鉢のこと。

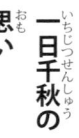

お茶や踊りの世界では、脈々と衣鉢を伝えて今日に至っている。

烏合《うごう》の衆《しゅう》

からすが集まってもギャーギャー騒ぐだけで統制がとれない。それと同じくいたずらに数だけ多くて、まとまった力になりえない集団をいう。

～をいくら集めても有効な運動は展開できない。

推《お》して知《し》るべし

考えてみればわかることだ、というニュアンス。

彼が退学処分になった理由は、～である。

鬼《おに》の霍乱《かくらん》

いつも元気な人が病気になること。霍乱はいまでいう熱中症のこと。

あの人が胃病とは驚きだ。まさに～だね。

蝸牛角上《かぎゅうかくじょう》の争《あらそ》い

カタツムリ（蝸牛）の左の角《つの》に位置するA国と右の角上のB国が争っても、大勢に影響がない。そういうみみっちい争いを諫《いさ》める言葉。

そんな～を続けるより、お互いが協力して事に当たったらどうか。

隔世《かくせい》の感《かん》

時代が移って、まさかこんなことになるとは——といった感慨である。

巨大なコンピュータが二、三〇年で机の上に載る大きさになるとは、本当に~がある。

「今昔《こんじゃく》の感《かん》」も同じニュアンス。

華燭《かしょく》の典《てん》

華燭は結婚式での華やかな灯《ともしび》のこと。表題語は結婚式を美しくいった言葉。自らの式はこう呼ばない。

彼ら二人はみんなに祝福されて~を挙げた。

肝胆相照《かんたんあいて》らす

心を開いて交わること。

首脳間で~ような仲になるのは、必要なことだ。

干天《かんてん》の慈雨《じう》

日照り続きに恵みの雨。

政府予算削減のなか、今度の補助金は~のようにありがたい。

完膚《かんぷ》無《な》きまで

完膚は傷のない膚のこと。表題語はその完膚がないのだから、全部傷だらけ。転じて、徹底的の意味。

東京は~攻撃されて焦土と化した。

奇貨《きか》居《お》くべし

奇貨は珍しい品物。いま買っておけば、あとで値打ちが出るかもしれないことから、貴重な機会を逃さないで上手く利用すべきであるという意味。

今回のような申し出は~で、喜んでお引き受けします。

鬼籍《きせき》に入《はい》る

死者の名や死亡年月日を書いた帳面が鬼籍。そこに入るのは「死んだ」ということ。

この年になると~人が多くなってくる。

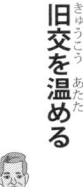

「点鬼簿《てんきぼ》」ともいう。芥川龍之介《あくたがわりゅうのすけ》に同題の小説がある。

旧交《きゅうこう》を温《あたた》める

以前から付き合いのある人に久しぶりに会って親しむこと。

二〇年ぶりに幼なじみに会って、旧交を温めた。

胸襟《きょうきん》を開《ひら》く

うちとけて何でも話す。ネクタイを外して語り合う感じである。

胸襟を開いて話せる友人が何人いますか。

漁夫《ぎょふ》の利《り》

シギとハマグリが争う隙に、ふたつとも漁師が捕らえてしまった故事から、当事者以外の者がまんまと利益を得ること。

先行二社が大型コンピュータで覇権争いをしている隙に、あとから来た企業がパソコンで世界の標準となり、~を占めた。

同じような意味で「鳶《とび》に油《あぶら》あげをさらわれる」がある。横合いからふいに奪われる、という意味。

奇《き》を衒《てら》う

わざと風変わりなことをすること。性格的には恥ずかしがり屋なのである。

彼は~あまり、周囲から煙たがられるようになった。

機《き》を見《み》るに敏《びん》

つまり「機敏」である。チャンスを逃さないこと。

相場師は~じゃないとやっていけない。

琴瑟相和《きんしつあいわ》す

瑟は中国古代の弦楽器で大ぶりのものである。琴と一緒に演奏したものらしい。表題語は、夫婦が仲睦まじいこと。

あそこの夫婦は仲がいいのが評判で、～の言葉がぴったりである。

錦上花《きんじょうはな》を添《そ》える

「きんじょう・はなを」と読む。錦は絹織物などの紋様の美しいもの。ただでさえ美しいその上に花を添えるわけだから、ゴージャスである。

結婚式で新郎の昇進予定も発表されて、～ことになった。

愚《ぐ》の骨頂《こっちょう》

「骨頂」は「これ以上はない」こと。

犯罪で人生を台無しにするのは、～である。

「真骨頂《しんこっちょう》」は「神髄」のこと。「即断即決が彼の真骨頂である」のように使う。

光陰矢《こういんや》の如《ごと》し

光は日、陰は月のこと、つまり「時」のこと。時があっという間に過ぎてしまうことをいう。

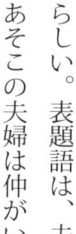

～で、うかうかしているうちに子どもたちは大きく育っている。

後顧《こうこ》の憂《うれ》い

後顧は後ろを振り返ること。表題語は心残りとか気がかりとか後悔のこと。

ものごとは〜がないように、最善を尽くすことが大切。

功罪《こうざい》相半《あいなか》ばする

功績もあるけど失策もあったという文字どおりの意味。

人の評価は功罪相半ばして当然である。

攻守所《こうしゅところ》を変《か》える／異《こと》にする

形勢が変わっていままで攻める側だったのが、いつの間にか守る側になっていること。

さて五回裏、攻守所を変えてS高校が一点を追う立場になりました。

後塵《こうじん》を拝《はい》する

後塵は人や車が走ったあとに立つ埃《ほこり》。それを拝むということは、人に先んじられること。

創業ではこっちのほうが古いのだから、決して他社の〜ことのないように。

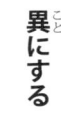

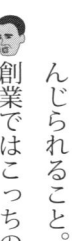

塞翁《さいおう》が馬《うま》

「塞」は「とりで」のこと。中国北境の塞の近くに住む老人の飼っている馬が逃げて、老人には善悪さまざまなことが起こったという故事から、人生の幸不幸は予測できないことをいう。

人生万事〜で、個人の力ではどうしようもないことがあると知るべきである。

三顧《さんこ》の礼《れい》

目上の人が格下の者に丁寧に頼みごとをすること。中国の三国時代、蜀《しょく》の劉備《りゅうび》が諸葛孔明《しょかつこうめい》を三度訪れて軍師に迎えた故事から。

彼は若いながら部長が〜で迎えた精鋭である。

酸鼻《さんび》を極《きわ》める

酸鼻は鼻に痛みを感じて涙をもよおすことをいう。転じて、痛ましいこと、むごたらしいさま。

飛行機墜落事故の現場は酸鼻を極めた。

自《じ》家《か》薬籠《やくろう》中《ちゅう》のもの

薬籠は薬箱のこと。自分の薬箱の薬のようにいつでも必要なときに役立つ知識や技術。

アメリカ留学で学んだディベート法を彼は～にしている。

指呼《しこ》の間《かん》

指さして呼べば答えるほどの距離。

岬と島は～だが、あまり交わりがない。

獅子《しし》身中《しんちゅう》の虫《むし》

獅子の体内に寄生する虫が逆に獅子の肉を食べて害を及ぼすことから、身内の反乱者の意味である。

他社との競合は、まず～を退治して態勢固めをしてからである。

死中《しちゅう》に活《かつ》を求《もと》める

万策尽きて、死に物狂いでやるなかで、どうにか活路を見出そうとすること。

こうなったら～しかないだろうね。

衆寡敵《しゅうかてき》せず

人数の少ない方（寡）は多い方（衆）にかなわないという意味。漢文調でいわれると意味《いみ》深《しん》に聞こえる。

相手はこちらの二倍の人を集めて、決起集会を開いた。～で、わが方の劣勢は明らかである。

「多勢《たぜい》に無勢《ぶぜい》（九一ページ）」も同じ意味である。

柔《じゅう》よく剛《ごう》を制《せい》す

弱い者が、かえって強い者に勝つこと。

柔道はいまや体格勝負が主流だが、本来は～が基本である。

雌雄《しゆう》を決《けつ》する

男か女か決めること。転じて、勝ち負けを決めること。この言葉、ＬＧＢＴＱ時代に残れるかどうか。

とうとう因縁の両者が～ときがきた。

出藍《しゅつらん》の誉《ほまれ》

「青は藍より出でて藍より青し」という成句から派生してできた言葉。

先生より弟子のほうが優れているという高い評判。

師の理論を実践に移して彼は～が高い。

常軌《じょうき》を逸《いっ》する

常に行うべき道＝常軌。それを外す、つまり非常識ということ。

ストレスのせいなのか最近、彼に～行動が多くなった。

焦眉《しょうび》の急《きゅう》

眉毛に火がついたら一大事である。危険が差し迫っていることをいう。

まず事故の原因を探ることが～である。

人口《じんこう》に膾炙《かいしゃ》する

人々に広く知られるの意。膾は「なます」で、生魚や貝を細かく切った昔の食べ物。のちに酢で和えるようになった。ニンジンやダイコンのなますはいまでも作る。炙はあぶった肉。どちらもよく人々の食べたものらしい。

SNSで拡散して～ようになった。

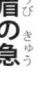

人事《じんじ》を尽《つ》くして天命《てんめい》を待《ま》つ

人間の手でできることを全部やったら、あとは天の計らいを待つしかない。

あとは先方の出方次第だ。こういうのを〜というのだろうな。

寸鉄人《すんてつひと》を刺《さ》す

寸鉄は小さい刃物のこと。それで人を刺すのである。短い警句で人を批判することのたとえ。

彼は〜毒舌で鳴らした評論家である。

正鵠《せいこく》を射《い》る

正鵠は弓の的の真ん中にある黒点のこと。ゆえに「核心を突く」こと。

彼の意見は非常に正鵠を射たものが多い。

「正鵠を得る」は間違いなので要注意。

青天《せいてん》の霹靂《へきれき》

霹靂は急に雷が激しい調子で鳴ること。それも晴れた日に、である。突然の変化やびっくりする知らせ、大事件をいう。

私がニューヨーク出向とは〜だった。

赤貧洗《せきひんあら》うがごとし

赤は「むきだし・余分なものがない」の意味。貧しく何もないのは、洗濯してすべて洗い流したようなものだの意味。

かつては赤貧洗うがごとき生活だった。

前車《ぜんしゃ》の轍《てつ》を踏《ふ》む

前の車が作った轍《わだち》にあとの車がはまること。つまり、前の人がしたのと同じ失敗をすること。

「〜な」が上司の口癖だった。人の失敗から学ぶ人間になれと言いたかったのだろう。

大山鳴動《たいざんめいどう》して鼠《ねずみ》一匹《いっぴき》

山を揺るがしてねずみ一匹しか出てこない、つまり前触れは大げさで結果が微々たるものであるということ。

今回の疑獄事件は秘書一人が実刑に問われただけで終息した。まさに〜である。

断腸《だんちょう》の思《おも》い

腸がちぎれるほど辛い思い。

戦後の混乱で中国に子を残してきた親は、〜であっただろう。

掉尾《ちょうび》を飾《かざ》る

最後を飾る、締めくくりを上手くやること。

今日のセレモニーの〜のは、会員全員によるコーラスである。

掉尾は慣習読みで「とうび」とも読む。

頂門《ちょうもん》の一針《いっしん》

頭の上に一本の針を刺す（鍼《はり》の治療法）ことをいう。「人の急所を押さえた厳しい教訓」の意味。

さる人から〜を受けて人生の転機をつかんだ。

等閑《とうかん》に付《ふ》す

放っておくこと。

A社との提携話はしばらく〜ことになった。

同日《どうじつ》の談《だん》ではない

両者の差がまったく違っていて比べられない、の意。「談」ではなく「論」を掲げる辞書もある。

彼の実績と私のそれは〜。

蟷螂《とうろう》の斧《おの》

蟷螂はカマキリ。カマキリの斧では小枝も切れない。身の程知らずに立ち向かうこと。

彼がいくら頑張っても〜で、相手と実力が違いすぎる。

塗《と》炭《たん》の苦《くる》しみ

塗はどろ、炭は火で、どろにまみれたり火に焼かれたりするほどの苦しみ。

彼は破産宣告に離婚、重病と〜を味わった。

内助《ないじょ》の功《こう》

妻が陰で手助けして成果があること。

彼の地味な研究が認められるには、〜があったことは想像に難くない。

抜《ぬ》け駆《が》けの功名《こうみょう》

人を出し抜いて手柄を立てたり、成功したりすること。もとは、戦場でこっそり陣屋を抜け出し、人に先駆けて敵を攻めたことをいう。

彼に才があったのではなく、単なる〜である。

ちなみに「怪我《けが》の功名《こうみょう》」は、災難や過失と思ったのにプラスに転じることをいう。

年貢《ねんぐ》の納《おさ》めどき

観念のしどき、という意味。

遊んでばかりいた彼もようやく〜を迎え結婚した。

能事《のうじ》終《お》われり

すべきことはやったという意味。

あの程度で〜とされては、あとの者に示しがつかない。

背水《はいすい》の陣《じん》

前に山、後ろに川と、わざわざ自陣をぎりぎりの場所に置くことで必勝の覚悟をさせた故事から、最後の勝敗を決める構えをとること。

得意分野を他社に押されて、とうとう〜を敷いた。

破竹《はちく》の勢《いきお》い

竹は上部に割れ目を入れると、おもしろいように割れる。その割れ方に激しさや流れを感じた言い方。

わがチームは〜でトーナメントを勝ち進んだ。

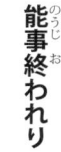

馬齢《ばれい》を重《かさ》ねる

「馬齢」は自分の年を謙遜していう言葉。何もせずに年を重ねた、という意味。

私、東京支社で～ばかりでしたが、この度大阪本店へ戻されることになりました。

貧《ひん》すれば鈍《どん》する

「鈍する」は鈍くなるとか馬鹿になるの意味。この成句は「品性が悪くなる」の意。貧しくなると品性も下劣になるという意味だが、反対に「富んで鈍する」こともありそうだ。

いくら生活が厳しくても、～というコースにははまりたくない。

刎頸《ふんけい》の交《まじ》わり

友のために首を斬られることになってもかまわない。生死をともにする仲をいう。

古来、～といいながら実行した人間がどれほどいただろうか。

忙中閑《ぼうちゅうかん》あり

忙しい中にもぽっかり空いた時間があるはず。その時間を惜しんで楽しみを見出すこと。「ぼうちゅう・かんあり」と読む。

～で、彼は会議の合間に詰め碁を楽しんでいる。

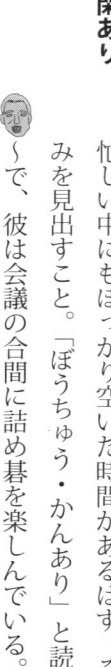

枚挙《まいきょ》にいとまがない

多すぎていちいち数える暇がないほどだ、それぐらい数が多い、の意味。

彼の優れた点は～。

「応接《おうせつ》にいとまがない」も、次々とものごとが立ち現れてくることをいう。

以《もっ》て瞑《めい》すべし

前提があって、「それで満足すべきである」と続く言葉である。

相手が謝罪の意を表明した。～である。

悠揚迫《ゆうようせま》らず

悠然として相手に迫ることのない様子。

彼はいつも～で事に当たっている。

累卵《るいらん》の危機《きき》

累卵は卵を重ねること。当然、不安定で危ない。

わが軍は敵の波状攻撃に～にある。

老婆心《ろうばしん》

年取った女性（老婆）が必要以上に親切に世話を焼くこと。転じて、過剰な親切心。

きっと～からの行為なのだろうが、ご遠慮いただきたいところだ。

論《ろん》を俟《ま》たない

「言うまでもない」の意味。

経済のグローバル化が貧富の差を広げたのは～。

「言《げん》を俟《ま》たない」ともいう。

和《わ》して同《どう》ぜず

道理が合えば仲良くするが、道理から外れる場合は争うこと。ふつうは、親密にはなっても、一体にはならないという意味で使っているのではないだろうか。

人間関係で～の姿勢を保つことほど難しいものはない。

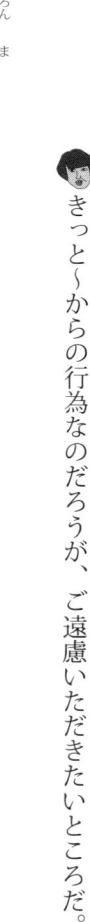

【ひ】

【ふ】

【な】

【せ】

【そ】

【し】

【き】

五十音索引

監修者略歴

一九六三年、長崎県に生まれる。大東文化大学文学部准教授。博士(中国学)。大東文化大学大学院に学ぶ。一九八九年よりイギリス、ケンブリッジ大学東洋学部に本部をおいた『欧州所在日本古典籍総目録』編纂の調査のために渡英。以後、一〇年におよびスウェーデン、デンマーク、ドイツ、ベルギー、イタリア、フランスの各国図書館に所蔵される日本の古典籍の調査を行う。その後、フランス国立社会科学高等研究院大学院博士課程に在学し、中国唐代漢字音韻の研究を行い、敦煌出土の文献などをフランス国立図書館で調査する。

著書にはベストセラー『語彙力がないまま社会人になってしまった人へ』(ワニブックス)、『心とカラダを整える おとなのための1分音読』(自由国民社)をはじめ、『日本語の奇跡』『ん』(以上、新潮新書)、『日本語を作った男』(集英社インターナショナル、第二九回和辻哲郎文化賞受賞)、『文豪の凄い語彙力』『一字違いの語彙力』『頭のいい子に育つ0歳からの親子で音読』(以上、さくら舎)などがある。

頭《あたま》のいい一級《いっきゅう》の語彙力集成《ごいりょくしゅうせい》
——ピッタリのひとこと1500

二〇一九年一一月一〇日 第一刷発行

監修 山口謠司《やまぐちようじ》
発行者 古屋信吾
発行所 株式会社さくら舎 http://www.sakurasha.com
東京都千代田区富士見一-二-一一 〒一〇二-〇〇七一
電話 営業 〇三-五二一一-六五三三 FAX 〇三-五二一一-六四八一
編集 〇三-五二一一-六四八〇 振替 〇〇一九〇-八-四〇二〇六〇

編集協力 木村企画室
装丁 石間淳
イラスト 中根ゆたか
印刷・製本 中央精版印刷株式会社

ISBN978-4-86581-223-7